O PERFUME
DA ESPERANÇA

Paolo La Francesca

O PERFUME DA ESPERANÇA

Uma viagem pelo processo de adoção
em busca das próprias raízes

Dados Internacionais de Catalogação na Publicação (CIP)
(Câmara Brasileira do Livro, SP, Brasil)

Francesca, Paolo La
O perfume da esperança : uma viagem pelo processo de adoção em busca das próprias raízes / Paolo La Francesca ; [tradução Socorro Japiassu e Antonio Spagnuolo]. – São Paulo : Paulinas, 2019.

Título original: Il profumo della speranza : un viaggio nell1adozione alla ricerca delle proprie radici
ISBN 978-85-356-4498-2

1. Adoção 2. Filhos - Criação 3. Filhos adotados 4. Histórias de vida 5. Homens - Autobiografia 6. La Francesca, Paolo 7. Pais e filhos 8. Relacionamento familiar I. Título.

19-23704 CDD-920.71

Índice para catálogo sistemático:
1. Filhos adotivos : Homens : Autobiografia 920.71

Cibele Maria Dias - Bibliotecária - CRB-8/9427

Título original da obra:
Il profumo della speranza: un viaggio nell'adozione alla ricerca delle proprie radici
© Armando Armando S.r.l.

1ª edição – 2019

Direção-geral:	*Flávia Reginatto*
Editora responsável:	*Andréia Schweitzer*
Tradução:	*Socorro Japiassu e Antonio Spagnuolo*
Copidesque:	*Ana Cecilia Mari*
Coordenação de revisão:	*Marina Mendonça*
Revisão:	*Sandra Sinzato*
Gerente de produção:	*Felício Calegaro Neto*
Capa e diagramação:	*Jéssica Diniz Souza*
Imagem de capa:	*Fotolia / © kazakova0684*

Nenhuma parte desta obra poderá ser reproduzida ou transmitida por qualquer forma e/ou quaisquer meios (eletrônico ou mecânico, incluindo fotocópia e gravação) ou arquivada em qualquer sistema ou banco de dados sem permissão escrita da Editora. Direitos reservados.

Paulinas
Rua Dona Inácia Uchoa, 62
04110-020 – São Paulo – SP (Brasil)
Tel.: (11) 2125-3500
http://www.paulinas.com.br – editora@paulinas.com.br
Telemarketing e SAC: 0800-7010081

© Pia Sociedade Filhas de São Paulo – São Paulo, 2019

Baseado na história dos meus primeiros trinta anos.

Tenho quatro filhos.
Dois são adotados.
Não recordo quais.

Bob Constantine

Prefácio

Convite a uma aventura interior

Todo livro é uma proposta de diálogo entre o autor e o leitor. É como uma discussão em que alguém propõe um tema e seus argumentos conquistam os demais. Certos livros tomam posse do leitor de tal modo que o faz esquecer do tempo que passa, da comida e até a renunciar ao sono. Há livros que nos conduzem a uma verdadeira viagem interior e sentimental. Leitor, agora você está começando a ler um livro que o convida a dois níveis de leitura. O primeiro nível, é feito de uma narrativa leve, de fácil leitura, plena de episódios que podem fazer parte da experiência de qualquer rapaz que, aos 30 anos, conta aos amigos o seu percurso de vida até aquele momento. O segundo é mais exigente porque, a cada página, pede-se ao leitor que compreenda aquilo que está por trás das palavras. E, por trás da palavra, há a busca do amor. Mas se trata de passar da forma do amor egoísta e possessivo a um amor no qual o outro possa ser ele mesmo. Esse itinerário sentimental e de maturidade humana se realiza somente quando a relação se converte não só no respeito ao outro como outro (diverso), mas aceita e assume que o outro é outro e se aprofunda como relação de complementariedade e conhecimento recíproco.

Nesse seu primeiro romance, o principal aspecto da narrativa de Paolo La Francesca é a história de uma adoção. Paolo nos conta, já adulto, que conseguiu unir em uma única comunhão de afetos os pais adotivos e a família biológica, na qual foi gerado. Esta história se torna importante e também comovente porque, neste esforço de busca de suas raízes, Paolo conseguiu unir duas culturas muito diversas como a italiana e a brasileira. Isso foi possível porque, antes de tudo, havia o amor de seus pais adotivos, que foram em busca de um filho no Brasil e o educaram de um modo aberto e positivo.

Hoje vivemos em uma sociedade à deriva, imersa naquilo que Gianni Vattimo chama de "pensamento débil",[1] onde predominam "relações" que, segundo Zygmunt Bauman, se tornam "líquidas".[2] Neste contexto, é maravilhoso ler e poder apresentar aos amigos um texto como este de Paolo La Francesca.

---

[1] Cf. VATTIMO, G. *O fim da modernidade*: niilismo e hermenêutica na cultura pós-moderna. São Paulo: Martins Fontes, 1996. Ver, sobretudo, o capítulo: "Niilismo e pós-moderno em filosofia".

[2] Cf. BAUMAN, Z. *Modernidade líquida*. Rio de Janeiro: Zahar, 2001, e *Vida líquida*, Rio de Janeiro: Zahar, 2007.

A DESCOBERTA DO AUTOR

Quem lê este livro, desde a primeira página se sente guiado pela narrativa de um espírito extremamente sensível e pleno de afeto. Desde criança, como explica bem o narrador em seu texto, ele vai em busca do amor. Esse jovem, com alma de artista, compõe a sua história como o roteiro de um filme. Desde a adolescência, Paolo desejava se tornar um diretor de cinema, como o seu famoso compatriota Giuseppe Tornatore. As suas aventuras sentimentais e seus conflitos de adolescente com a mãe (adotiva) nos fazem recordar o clima de uma pequena cidade da Sicília nos tempos do "Cinema Paradiso". Todavia, a coisa mais surpreendente é que esse rapaz profundamente humano termine por se transformar em um agente de segurança, de personalidade especial como Pe. Luigi Ciotti e Papa Francisco.

MAS É SOMENTE UM ROMANCE...

Quando se pensa em um romance, o imaginamos como uma obra de fantasia que, no máximo, possa servir como parábola para determinados momentos de nossa vida. Não é o caso deste livro. Mesmo que o autor tenha escolhido a forma de romance e tenha se sentido um pouco como o Marco, do livro *Coração*, de Edmondo De Amicis, em toda página se sente a densidade da vida real. Neste livro, nos movemos como se apoiássemos um pé na crônica cotidiana de Trapani na Sicília e outro no mistério sempre fascinante das coisas mais belas, mas também daquelas menos positivas que acontecem no filme ininterrupto de cada coração humano.

Este é só o prefácio

Este livro é um presente para você que lerá estas páginas e para todo aquele que busca o amor e deseja um mundo em que as pessoas se adotem umas às outras, não só como os pais que desejam um filho e o procuram entre os que não o podem criar. É sempre uma coisa boa que, no mundo, existam famílias que aceitem adotar crianças cujos pais biológicos não tenham condições de criá-los de forma digna. Entretanto, lutemos para que em todos os países se reconheça este princípio: todo ser humano tem o direito de criar seus próprios filhos. É obrigação do Estado e da sociedade fornecer as condições humanas, físicas e psicológicas para garantir a todos o bom viver. Mas, como não há ainda esta sociedade nova e mais justa, a comunidade e os grupos solidários podem praticar a adoção a distância, tornando possível aos pais criar os próprios filhos e filhas através de padrinhos e madrinhas de outros países do mundo. Entretanto, quando falamos de adoção, não podemos limitá-la somente ao caso de pais que buscam filhos que se tornem seus. Vivemos em um mundo no qual imigrantes e refugiados – vítimas dos impérios opressores que destroem seus países – têm necessidade de serem acolhidos e adotados.

Tendo lido este livro, procuro convencer o leitor do fato de que todo ser humano, como o autor do texto, em qualquer idade e condição social, deseja ser adotado e chamado a adotar outro, para que faça parte da sua vida. Ver o outro e adotá-lo como irmão ou irmã, filho ou filha, pai ou mãe é o único caminho para descobrir-se como pessoa no sentido mais pleno da palavra.

Somente uma humanidade que adota e é adotada pode construir a justiça e a paz e criar sobre a terra a comunhão com a natureza e todos os viventes. Este livro convida você a aventurar-se na busca do amor, como um mistério do qual se fala muito e que, às vezes, se tenta definir com muita facilidade. Todavia, como "O vento sopra onde quer e ouves a sua voz, mas não sabes de onde vem, nem para onde vai" (Jo 3,8) e nenhum mortal pode pará-lo, da mesma forma o mistério é uma intimidade penetrável somente com a prática cotidiana da vida. Nestas páginas em que estão condensados os pensamentos e as crenças de sua vida, Paolo La Francesca nos leva com ele no avião que sai de Madri em busca de suas raízes brasileiras e de sua maturidade humana.

Antes de terminar estas linhas, quero ainda confessar que esta obra me surpreendeu pela sua dimensão espiritual. Thomas Merton, famoso monge trapista que, nos anos 1960, nos Estados Unidos, transmite ao mundo inteiro uma profecia de paz e justiça, em diversos escritos seus, sublinha que: "a vida espiritual de uma pessoa é simplesmente a vida de todos os seres humanos se manifestando nela".[3] A busca do amor, da qual se ocupa este livro, é essencialmente a busca do amor maior que é Deus. Como Santo Agostinho escreveu no século IV: "Indica-me alguém que ame e ele sentirá aquilo que estou dizendo. Dá-me alguém que deseje, que caminhe neste deserto, alguém que tenha sede e anseie pela fonte da vida. Mostra-o e ele saberá o que quero dizer".[4]

Marcelo Barros[5]

---

[3] MERTON, T. Um manual de não violência. *Revista de Cultura Vozes*, v. 89, n. 5, pp. 3-29, 1995 (cit. p. 11).

[4] AGOSTINHO, *Commento al Vangelo di San Giovanni*, 26, 4, Roma, Città Nuova, 2012.

[5] Marcelo Barros é monge beneditino, teólogo e biblista, assessor de movimentos sociais e de comunidades eclesiais de base. Atualmente é coordenador latino-americano da Associação Ecumênica dos Teólogos do Terceiro Mundo (ASETT). É professor convidado do CESEP (Centro Ecumênico de Serviços à Evangelização e Pastoral), em São Paulo, e de diversos organismos pastorais e ecumênicos em toda a América Latina. Autor de mais de 50 livros, entre os quais: *Teologia pluralista libertadora intercontinental* (São Paulo: Paulinas, 2008).

Novembro de 2016, Madri

No dia em que meus pais me revelaram que fui adotado, compreendi que minha vida não seria mais a mesma. Não é que eu não suspeitasse – as minhas características físicas eram frequentemente argumento das minhas interrogações –, mas, diante da verdade, toda dúvida sucumbe, e assim também a certeza que se tem de ser filho de nossos pais. No início aceitei bem, e mais tarde compreendi o nobre gesto dos meus pais, mas, quando me encontrava na companhia da minha solidão, começava a suar pela agitação. Perguntava-me quem seria minha mãe, como se chamava meu pai, se fui um bebê desejado ou se tudo aconteceu de forma casual. Eles estavam ainda juntos ou a vida os tinha separado, depois que haviam se distanciado de mim? Será que eu tinha irmãos? Eles se pareciam comigo? E eu parecia mais com minha mãe ou com meu pai?

À medida que eu prosseguia, comecei a imaginar os seus traços, inspirando-me em parte nos meus e perguntando-me a qual dos dois poderia pertencer. De uma coisa eu estava certo, os olhos eram de minha mãe. Não sei por que eu tinha esta convicção, mas, toda vez que observava os meus olhos, me parecia vê-la, uma face aberta e jovial em torno daquele olhar. Ninguém consegue imaginar alguém que jamais tenha visto antes e, quando isso acontece, é sempre de modo errado.

Porém, devo confessar que a pergunta que eu mais me fazia era se eles, os meus pais biológicos, nunca se questionavam onde eu tinha ido parar e se eu estava bem ou não. Pensavam como seria a vida deles comigo? Eram essas as perguntas que eu me fazia desde pequeno e que, para ser sincero, ainda me faço, enquanto embarco no voo que me levará à terra onde nasci, e me parecia lógico que também eles, meus pais biológicos, fizessem esses questionamentos.

Sabe-se que os homens são ligados às suas fraquezas, e o meio mais seguro para fugir disso é ignorá-las. Mas não se pode ignorar as próprias raízes. Creio que o valor de uma pessoa se mede por essas raízes. Quanto mais profundas elas são, mais sólido é o ser humano. Devo admitir que me sentia ligado a duas raízes: à terra siciliana, que amo e a qual sou grato, e à brasileira.

Encontramo-nos em várias pessoas e personalidades e nos relacionamos com aquelas que nos ensinam alguma coisa. Estou com trinta anos e tenho me relacionado com pessoas em cujos olhos brilham a luz da esperança. Certa vez, uma namorada me perguntou como eu fazia para ver esperança nos olhos dos outros. Respondi que não se tratava de uma questão de visão, mas de afinidade que eu percebia ter com determinada pessoa e, como eu preferia a esperança, então estava disponível para buscá-la nas pessoas.

"Por que exatamente a esperança?", ela me perguntava.

"Porque é a única coisa que mantém vivo em mim um lugar aonde nunca fui e do qual creio haver respirado o ar."

"Você é complicado", disse-me.

"Se isso quer dizer não ser limitado, então é a condição que prefiro", respondi.

Percebia o perfume do ar do meu país natal, mesmo que ainda não o respirasse. Compreendia a gentileza e o calor do meu povo, mesmo que ainda não estivesse em contato com ele. Tudo isso estava dentro de mim, à espera de que alguém o tirasse de lá. Foram os meus pais a fazê-lo, revelando-me a verdade; foram as minhas escolhas futuras, filhas da curiosidade e da vontade de sair do lugar-comum; foi o profundo sentimento que nutria por minhas raízes, não obstante fossem de outra parte do mundo.

Quem podia resistir a semelhante chamado?

É uma sensação prazerosa aquela de fazer qualquer coisa que estabeleça uma trégua entre o ser humano e suas mais florescentes ambições, entre a indulgência e a rigidez que recebe durante o próprio caminho, entre o partir e o voltar.

Fiquei impressionado pelo impacto que a notícia de haver sido concebido por outros e em um país muito distante me causou. Durante todo esse tempo, sentia-me como o pequeno Marco, o personagem do romance *Coração*, de Edmondo De Amicis. Marco partiu de Gênova para chegar na Argentina em busca de sua mãe. Nunca tinha aceitado a sua partida e sentia muito falta dela, então, partiu de repente, sem avisar ninguém. Eis que, às vezes, eu estava pronto para apostar que o grande De Amicis havia traçado também a minha rota, incidindo sobre as minhas escolhas futuras.

Assim, no aeroporto, enquanto observo o painel de partida, também sinto que dentro de mim reside aquele espírito aventureiro que há em qualquer menino que sonha de olhos abertos, e são esses sonhos que definem o caráter futuro do homem.

Estão chamando o meu voo.

Levanto-me com esforço, como se os meus trinta anos tivessem triplicado e, apesar de parecer feliz, sinto dentro de mim um vazio inexplicável, que me obriga a avaliar toda a minha história.

Não sei, mas neste momento surgem os vultos de minha mulher e de minha filha. Enquanto me olham e sorriem, seus gestos são, para mim, como o vento propício a uma caravela que se está distanciando do porto. Meu pai, um velho homem do mar, diz sempre: "O momento mais difícil para um marinheiro é deixar o porto de casa, nada poderia substituí-lo, nem mesmo a ideia de descobrir um lugar novo, de aproveitar uma longa viagem que poderia proporcionar-lhe uma surpreendente diversão, porque no fundo percebemos que o mundo é a nossa casa".

Como estou feliz que o avião esteja pronto para decolar! De repente, aquele vazio inexplicável se transformou em excitação. Não obstante ainda estivéssemos em terra firme, era como se eu já tivesse chegado, tanta era a vontade de descobrir um novo lugar, gente nova e dar rosto e voz verdadeiros aos personagens da minha história.

Dizem que muita expectativa é a mãe da desilusão.

Não espero nada de extraordinário, somente as coisas de sempre, mas com tons diversos. Conheci um velho frade que voltou ao seu país natal depois de cinquenta anos. Dizia estar ausente de casa porque tinha de viajar de um continente a outro para exercer o seu dever. Estava voltando para casa e sentia-se feliz e alegre como uma criança.

"Não o compreendo", disse-lhe. "Você está ausente de casa por meio século, ignora todos os acontecimentos da própria família, perdeu a morte de seus pais e do seu irmão mais velho, pode, então, me dizer por que diabo está assim feliz de voltar a um lugar que não lhe pertence mais?"

"Há uma nogueira em frente à minha casa, em que meu pai colocou um balanço, onde eu e meus irmãos nos divertíamos brincando. Você não tem ideia do quanto é bonito admirar a copa dessa árvore, enquanto o balanço se movimenta. Quando eu era pequeno, não queria parar nunca. Há poucos dias falei com minha irmã e ela me disse que aquele balanço ainda está lá. Não pensei duas vezes e decidi voltar para casa."

Eu fiquei estupefato. "Você quer dizer que vai voltar para casa por causa de um balanço?"

"É diferente", disse-me, "volto para casa para observar as coisas, enquanto o balanço está em movimento, e sentir novamente aquelas sensações maravilhosas. Quero ver minha irmã, enquanto faz tricô sob a sombra da nogueira, como minha mãe fazia. Quero sentir o perfume do queijo fresco feito em casa, do pão saindo do forno. Quero passear no meu bairro e cumprimentar todas as pessoas que passam pela rua".

Compreendi que o homem, para encontrar um pouco de paz, necessita se tornar criança. E é exatamente assim que me sinto, enquanto o avião começa a atravessar o Atlântico.

JULHO DE 1986, VINDO AO MUNDO

Nasci em 18 de julho de 1986, no Hospital de Itamaraju, Bahia, uma pequena cidade brasileira situada às margens do Atlântico, entre o Rio de Janeiro e Porto Seguro. Os meus pais queriam acolher em sua vida um bebê brasileiro. Nunca soube o motivo dessa escolha. Talvez, um dos dois não pudesse ter filhos. Mas por que, então, tinham decidido adotar um bebê de outra parte do mundo? Um dia fiz essa pergunta a minha mãe e ela me respondeu que, já que queriam fazer alguém feliz, então eles ficariam alegres de fazer isso a quem de verdade tinha necessidade e em um país carente, como o Brasil. O fato é que esse empreendimento não foi nada simples, não obstante fossem outros tempos, em comparação aos de hoje, onde a burocracia impera e as leis são tão numerosas quanto rigorosas.

Naquela época, era possível adotar um bebê de qualquer nacionalidade, apesar das leis italianas serem menos restritivas para a adoção de um bebê italiano. Mas as escolhas radicais na vida não seriam o que são, se, no meio do caminho, não houvesse uma pitada de aventura. Conhecendo os meus pais, aposto que, se tivessem tido a possibilidade de adotar outro bebê, eles teriam ido mais longe do que ao Brasil.

Dois dias depois do meu nascimento, meus pais já estavam no hospital ao meu lado e de minha mãe biológica, com pressa de ter-me em seus braços. Dizem que a vida é o dom mais precioso que existe. Eu digo que doar uma vida que se gerou a uma pessoa que não pode gerá-la é um grande ato de coragem, compaixão e altruísmo. E quem recebe tal doação, deveria sentir-se privilegiado. Os meus pais sentem-se assim e sempre apreciaram muito o gesto de minha mãe brasileira. O que explica a lealdade e franqueza deles para comigo.

Permaneci no hospital por uma semana. Naqueles dias, eu não sabia que tinha ali comigo mais de dois genitores. A minha mãe biológica ficou comigo até a conclusão do procedimento de adoção. Os meus pais adotivos me contaram que ficaram muito comovidos pelos gestos da jovem mulher: ela me olhava com olhos amáveis e úmidos de pranto, procurando ter-me em seus braços sempre que podia, porque sabia que, depois, eu iria embora e ela nunca mais me veria pelo resto de sua vida.

"Meu anjo, meu anjo!", sussurrava. "Hoje estou vendo você e amanhã não mais o verei."

O ser humano é a única espécie deste mundo que consegue privar-se voluntariamente de seu recém-nascido sem sentir remorso suficiente para mudar de ideia. Ao mesmo tempo, acredita ser a espécie mais evoluída. Nada a ver com a evolução, o homem não sabe amar o suficiente.

Não ouso imaginar os pensamentos que passavam pela cabeça de minha mãe no momento de seu último olhar sobre mim. Creio que imaginava como eu seria quando crescesse, que características o meu rosto assumiria ao longo da vida.

O dia em que meus pais me levaram embora, ela deixou o hospital de manhã cedo, sem avisar a ninguém. Não sei se o motivo dessa decisão foi devido a um grande remorso ou se ela queria poupar-se da cena final: os meus pais me levando embora enrolado numa mantinha.

Não deixamos subitamente o Brasil. Os meus novos pais me levaram primeiro para um hotel e, depois, para a casa do advogado que nos acompanhou durante toda a permanência no Brasil e com o qual os meus pais já tinham contato desde a Itália. Dom Mário, assim o chamavam, era uma pessoa única e esplêndida, de origem calabresa, vivia no Brasil há mais de trinta anos e tinha adotado mais de oito filhos.

Sabe-se que a vida é uma aventura, mas, para as crianças que sofreram e sofrerão a mesma sorte que a minha, a vida se apresenta duplamente venturosa.

As minhas peripécias e dos meus novos pais, que estavam entre os primeiros a fazerem adoção internacional na Itália, iniciaram-se no dia em que o avião decolou do aeroporto Eurico de Aguiar Salles. Todos estávamos curiosos por saber a continuidade daquela história, inclusive eu que ignorava tudo, e, diante das incertezas que o futuro poderia reservar, todos desejavam que a viagem fosse longa e feliz, digna de ser vivida.

Mencionei que meus pais foram um dos primeiros a fazerem adoção internacional na Itália. Era uma experiência nova, quase sem precedentes na Sicília, sobretudo em uma cidade como Trapani. Tanto é que seus amigos e parentes frequentemente expressavam ceticismo diante da ideia de adotar um bebê, ainda mais sendo originário de outro país. Claro, eles não sabiam que, na realidade, eu era loiro, com olhos verdes. Mas eu bem poderia ter outra cor de pele e ser, enfim, objeto de discriminação e preconceito. E, como consequência, poderia crescer de maneira absolutamente imprevisível.

Havia um clima de medo e ansiedade ao meu redor e de meus pais. Entretanto, os meus pais estavam firmes em suas intenções, principalmente minha mãe, sempre combativa.

O avião aterrissou em Roma e, depois, pegamos outro para Trapani, na Sicília. Meu pai, comandante de navios petroquímicos e petroleiros, trabalhava viajando pelo mundo: na maior parte do ano era um pai ausente. Mas sempre foi um bom homem, gentil e afetuoso, alguém que não se pode deixar de amar. Sobre minha mãe pesava a responsabilidade de educar uma criança. Ela me considerava e considera uma parte de si, e a minha ligação com ela foi espontânea, cresceu ano após ano, não obstante fosse possessiva e protetora além de todas as medidas.

Recebi de minha mãe uma educação rígida.

Ela trabalhava como professora de religião e não há necessidade de lhes explicar a sua devoção a Jesus, onipresente em nossa vida, que sofria sobre a cruz em todos os cômodos de nossa casa. Minha mãe cuidava de mim todos os dias com uma constância impressionante; ficava comigo, fazia as lições e brincava. Também era catequista, e me levava com ela às aulas, então eu, com seis anos, sabia tudo sobre a matéria. Posso confirmar que bebi da religião católica como se mama o leite materno. De fato, a fé sempre representou para mim uma âncora de salvação: tive um forte relacionamento com ela e continuo sendo muito fiel.

Minha mãe sempre esteve ligada em tudo aquilo que eu fazia, até eu completar treze anos, executando as tarefas comigo e ajudando-me a integrar-me no cotidiano.

Cá entre nós, eu não era um garoto muito expansivo e devo frisar que não era só por culpa minha. Quando recordo os anos de escola, aos poucos me vem à lembrança o *bullying* que sofri durante a infância, provavelmente por causa de minhas características físicas diferentes das outras crianças da escola. Meus colegas me isolavam, tentavam me fazer tropeçar, e às vezes conseguiam, para não falar das falsas acusações aos professores.

Agora já crescido, ao analisar o comportamento de meus colegas, tenho convicção de que o *bullying* estava, sobretudo, ligado a uma questão de inveja. Eu me saía bem em todas as matérias, mesmo estudando pouco, e me recusava a emprestar as lições a quem não tinha vontade de estudar. Por outro lado, eu me mostrava bastante predisposto com quem não tinha a possibilidade de dar mais do que conseguia.

Eu não era um *nerd*, mas me tratavam como se eu fosse.

Desse modo, eu me entediava facilmente na escola, sendo mais propenso a ocupar o meu tempo fazendo outras coisas. Levava em minha mochila livros de aventura para crianças, principalmente os de Júlio Verne, e os lia durante as aulas. Colocava-os dentro dos livros da escola e passava o tempo perdido em aventuras fantásticas, em lugares distantes.

Frequentemente os professores me pegavam, tiravam o livro de mim e chamavam minha mãe para conversar com o diretor da escola. Toda essa história terminava com o aumento da rigidez de minha mãe para comigo e a diminuição da nota de comportamento na escola.

Eu era solitário, um pouco por minha índole e um pouco porque me era imposto pelos meus colegas de escola e de bairro. Tudo no ser humano é um enigma, azar de quem procura resolver o problema de sua solidão. Eu acreditava que me sentia só e isolado porque me faltava um irmãozinho, tinha o desejo de ter alguém perto de mim, um aliado.

Assim, um dia fiz um pedido a minha mãe, dizendo com clareza que me sentia infeliz porque sentia a falta de alguém com quem dividir todos os meus íntimos pensamentos.

Ela havia se dado conta disso antes que eu lhe falasse. Por isso, não estava despreparada. Um dia conseguiu a guarda provisória de um menino que tinha mais ou menos a minha idade.

Naquele dia, parecia que eu havia recebido um dom do pai eterno, tanta era a minha excitação. Mas bastou uma semana para fazer com que meu entusiasmo diminuísse. A fonte de tudo foi o ciúme, o que é compreensível quando duas crianças se encontram sob o mesmo teto. Depois se transformou em competição; cada um de nós fazia de tudo para chamar atenção de nossa mãe. E, como eu nunca tinha feito nada semelhante, me encontrava em um terreno desconhecido. Nada é mais ridículo do que uma criança querendo reconquistar sua mãe só porque teme perdê-la para outra criança.

Naquele momento, a minha incapacidade de ser competitivo me levou ao desespero, que, por sua vez, levou à inquietude que começava a perseguir-me.

Para sanar tudo isso, minha mãe pôs fim à guarda.

O culpado era eu, o meu ciúme, a incapacidade de criar conexão com o outro e, sobretudo, a minha possessividade. Querendo ou não, tinha me tornado o reflexo de minha mãe em alguns aspectos de minha personalidade; isso não tem nada de errado.

Quando uma criança vive a maior parte de sua infância com apenas um genitor, é lógico que o seu relacionamento com o mundo se dará a partir dessa realidade. Não há felicidade maior para uma criança do que saber que permanece sendo o centro da existência do próprio genitor.

Naquele ponto, a minha vida retomou o velho regime: eu e minha mãe, sempre e em todo lugar, com meu pai viajando pelo mundo, o meu estado solitário que frequentemente me tornava incapaz de tomar as iniciativas para enfrentar o *bullying* e os outros acontecimentos cotidianos.

Então, tomado de uma terrível monotonia, procurei desafogar minhas emoções dirigindo-as para as minhas primeiras e verdadeiras paixões e sonhos.

OS MEUS SONHOS E A MÚSICA

Quando eu tinha oito ou nove anos, gostava muito de futebol e desejava jogar num time da escola do Trapani Futebol. Eu era fã do Trapani, que na época jogava na série C1 do grupo B, e era louco pelo artilheiro Gaetano Capizzi. Naquele período, eu adormecia sonhando em ser como ele. Tanto que pedi a minha mãe que comprasse para mim o uniforme vermelho que o Trapani usava para jogar em casa. Matriculei-me na escola e fui muito bem.

Não obstante as minhas aspirações de ser artilheiro, o treinador do time no qual eu jogava me via mais como um meio de campo na frente da defesa, como Pirlo, por exemplo. De fato, de acordo com suas palavras, eu tinha uma boa visão do jogo e pensava sobre a solução antes dos outros. Tinha os bons pés dos brasileiros, o sangue bom não mente nunca, mas eu era muito indeciso na defesa.

Com a mudança do meu papel no campo, os meus heróis mudaram: abandonei Capizzi e me concentrei em dois meios-campos do Trapani: Salvatore Tedesco e Pasquale De Serafino. Eu ia ao estádio recolher bolas só para estudar de perto os meus heróis, tentando aprender com eles o segredo sobre como se defender diante de uma defesa a quatro. Gostava tanto, que, à noite, começava a meditar sobre os meus movimentos no intuito de ser mais incisivo no jogo do meu time.

No futebol, como na escola, sempre apliquei o princípio de que estava em vantagem, no sentido de que não precisava esforçar-me muito, bastava confiar nas minhas qualidades. Recordo ainda, com grande alegria, quando meu pai, que era e é apaixonadíssimo por futebol, me perguntou: "Filho, por que, quando termina o treino e inicia a partida, a certo ponto você não corre mais?".

E eu: "Porque, se corro muito, escorrem gotas estranhas da minha testa, que além de tudo são salgadas".

Creio que ali meu pai entendeu o que fazer. O sonho de me tornar um jogador terminou dois anos depois. Minha mãe decidiu me tirar da escola de futebol. Segundo ela, aqueles longos e cansativos treinos me impediam de estudar. E ela queria que eu estudasse, tinha em mente, para mim, um futuro brilhante de um rapaz formado em Direito, um advogado.

Ela tinha essa ideia de que eu iria redimir o compromisso dela para comigo, alcançando uma meta prestigiosa. Talvez, assim, ela e meu pai também quisessem demonstrar que tinham razão em adotar um bebê de outro país.

Nunca suportei fazer uma coisa para demonstrar outra. Você faz aquilo que faz porque sente, e eu queria me destacar onde minha paixão e meus sonhos me levavam.

Recebi a decisão de minha mãe de me fazer abandonar o futebol como uma punhalada no peito. Passei várias noites insone, antes de recomeçar a sonhar, depois direcionei o que permaneceu de minhas emoções íntimas para uma outra paixão: a música.

Gostava de cantar enquanto escutava as canções; ia até a cozinha, pegava uma concha e, depois, entrava no meu quarto e a usava como se fosse um microfone. Ser um *rockstar* é o sonho de todo garoto, e não estou falando de ter sido diferente dos outros, mas como os demais.

Escutava com prazer as canções de Bon Jovi, do Aerosmith, de Lenny Kravitz, do Queen e do Guns N'Roses, principalmente "November rain". Uma canção que permanece em meu coração é "I will always love you", de Whitney Houston. Sentia a voz dessa cantora de uma maneira visceral, comparando-a a uma presença materna, que me acompanhava em todo lugar. Eu não sabia o motivo. Somente depois de muitos anos, descobri porque gostava tanto daquela canção.

Meu primo Michele tocava saxofone. Fazíamos juntos aulas de música, e eu estudava trompete. Tocávamos para a banda de Trapani. Em particular, para a procissão Pascal dos Mistérios, onde passávamos um dia inteiro tocando. Ainda hoje, já adulto, não obstante os vários compromissos, procuro não faltar à procissão dos Mistérios de Trapani, que, em minha modesta opinião, representa a mais bela procissão de todo o mundo, seja pela coreografia, seja pela música. Com Michele e Chiara, outra prima, foi estabelecido um relacionamento quase fraterno que nos acompanhou até a idade adulta.

Reconheço que, naquela época, eu tinha um caráter teatral e egocêntrico e não gostava que fosse eu a procurar as meninas, mas o contrário. Admito ter tido muitas. Minha mãe não podia mais caminhar pela cidade porque eu trazia tantas a minha casa que ela conhecia a todas.

No primeiro ano do ensino médio me esforcei para ter boa conduta, também porque minha mãe prometeu presentear-me com um *scooter* e outra coisa que decidiu não me revelar. Era uma surpresa que, segundo ela, me alegraria mais do que a motoneta.

Assim, depois de ter obtido boas notas em conduta, ganhei o bendito *scooter* e um cachorro ao qual me afeiçoei muito. Devo admitir que ele me ajudou muito a preencher o vazio que meu pai deixava toda vez que estava em viagem pelo mar e a deixar algumas amizades que não agradavam a minha mãe – rodas de amigos que fumavam maconha, bebiam álcool e frequentavam discoteca.

Qualquer um dos meus amigos definia isso como um processo inevitável de crescimento, e eu naquele momento escolhi ficar distante. Decidi manter comigo aquilo que eu tinha, a família, os primos, os bons amigos, o meu amado cachorro e o meu belo *scooter*.

Minha mãe tinha razão duas vezes: o cachorro se revelou mais do que uma bela surpresa, era como aquele irmãozinho que eu sempre havia desejado.

MEU PAI

Eu sentia muita falta do meu pai.

Como todo garoto, também o via como o principal herói da minha existência. Eu o observava partir do aeroporto de Palermo – ia de avião para alcançar continentes distantes –, deixando em mim um vazio que só seria preenchido no seu retorno. Minha mãe percebia o meu estado de ânimo, então tentava remediar. Levava-me para visitar lindos lugares, ou mesmo para comer um *cheeseburger* duplo, ir ao cinema ou a algum espetáculo de teatro. Eu apreciava os seus esforços, embora funcionassem até certo ponto.

"Tchau, filho, ligo para contar dos lugares por onde ando", dizia-me meu pai, enquanto estávamos abraçados no terminal de partida.

Falávamos ao telefone uma vez a cada quinze dias e eu tinha tantas coisas para contar-lhe que, no final, o tempo não bastava para escutar aquilo que ele tinha a dizer. Então, ele me contava tudo quando retornava. Ficávamos acordados até tarde da noite e eu ficava tão fascinado pelos lugares em que ele havia passado e pelas pessoas que ele havia encontrado, que mal conseguia dormir.

Aqueles momentos eram tudo para mim e, enquanto agora lhes conto, percebo que permaneceram únicos, não obstante o tempo tenha feito a sua parte.

"Estou partindo amanhã", dizia meu pai enquanto tomava café da manhã. Não gostava de dizer muitos dias antes porque sabia que condicionaria o meu humor e o da minha mãe. Preferia dizer em cima da hora, como se fosse algo que acontecera de repente, pois dizia que fazia menos mal. Não sei se fazia menos mal, mas o fato é que havia mais compreensão de minha parte. Mas eu lhe era grato por haver mantido tudo assim tão natural, mesmo que não por tudo, ao menos por aquilo que me dizia respeito.

Quando nós o acompanhávamos ao aeroporto, eu e minha mãe competíamos para saber quem choraria antes. Ela perdia sempre, e frequentemente se virava para não deixá-lo ver, mas eu entendia. Quanto mais eu crescia, mais entendia o motivo por trás de minha adoção: ela tinha necessidade de alguém que preenchesse o vazio deixado pela partida de seu marido. Era a mulher de um marinheiro, e sabia que isso podia ter consequências às vezes desagradáveis, mas mantinha-se firme, sem deixar que ninguém percebesse. Então, era a minha heroína: eu a amava e a respeitava porque sabia que era uma mãe presente, gentil e amorosa e também uma mulher forte.

Voltando do aeroporto para casa, eu mantinha os olhos fechados, fingindo dormir, para segurar as lágrimas. Então, minha mãe se sentia livre para chorar e para me induzir a abrir os olhos e, assim, eu também começava a chorar.

Em casa sentia a ausência de meu pai mais do que em qualquer outro lugar. É sempre mais forte a lembrança de quando eu ia ao quarto de meus pais, cheio de armários, e metia a cabeça entre os ternos de meu pai para encher os pulmões de seu cheiro. Naquele momento, começava a chorar mais do que minha mãe, e o fazia quando ela não se encontrava em casa. Não era tanto uma questão de orgulho, mas um modo de não meter o dedo na ferida de ambos.

Recordo que toda vez que o telefone tocava, o meu coração pulava e eu corria para agarrar o aparelho. Quando atendia e descobria que não era meu pai, sentia a desilusão tomar conta dos meus músculos e de minha moral, como quando uma nuvem grande cinza arruína o nosso dia, escondendo o sol.

Meus amigos diziam que era legal ter um pai que ficava fora de casa na maior parte do ano, mas eles não podiam compreender o que queria dizer ter como pai um herói de carne e osso e não poder ficar mais que o mínimo indispensável com ele. Queria estar a maior parte do tempo com meu pai, escutando, conversando com ele como uma cigarra de verão.

"Meus caros", eu dizia a eles, "se eu tivesse a sorte de vocês, eu viveria embriagado de felicidade".

"Você não sabe o que diz!", retrucava um. "Os nossos pais se limitam a ir ao bar e, quando falam de seu dia, não fazem nada além de reclamar do chefe ou de algum colega de trabalho. Você tem um pai legal, que sabe como enriquecer a sua vida com as suas histórias."

"Seu pai é como Ulisses, quando viajava pelo mar", comentava outro.

"Vejo seu pai como um daqueles peregrinos que voltavam da Terra Santa e deliciavam a gente com as suas histórias sobre os lugares sagrados", dizia Salvatore, um garoto tranquilo que amava poesia e história.

Eu sorria dizendo: "Preferia ter um pai limitado como o seu, contanto que ele pudesse preencher minha alma de felicidade".

Os meus sentimentos eram subjugados por ele, e os meus amigos não podiam compreender que, sem meu pai, tudo ao meu redor sumia.

Minha mãe

Minha mãe era sempre muito presente e, até certo ponto, chegou quase a ser demais. Impedia-me de ter uma vida social e de estar com os meus amigos porque zelava muito por mim, mas, sobretudo, porque eu tinha uma vivacidade sem limites.

Eu entendia que aquele era um modo de proteger-me, mesmo que errado, porque, segundo ela, certas amizades podem arruinar os jovens. Assim, por volta dos quatorze, quinze anos, comecei a sentir a necessidade de sair mais e estar com os meus amigos mais livremente.

Minha mãe tinha obsessão pelo estudo e por meu futuro. Enquanto meu pai era decididamente mais moderado, ela o reprovava por ser muito bonzinho. Não sei se o comportamento de meu pai decorria apenas de sua bondade; creio que era mais indulgente porque já havia sido um jovem como eu e também preferia mais estar com os amigos do que fechado em um quarto para estudar.

"Saía escondido pela janela do meu quarto para brincar com os amigos", me confessou um dia meu pai.

"Não gostava de estudar?", perguntei-lhe.

"Não exatamente, eu não estava pronto para estudar, ainda que soubesse que, na Sicília, não teria um futuro se não me formasse."

"O que você quer dizer, papai?"

"Quero dizer que o nosso período de crescimento é feito de etapas que devem ser vividas, apesar da escola, da opinião de nossos pais e de todo o resto. As coisas que precisam ser feitas, serão feitas quando a pessoa estiver pronta. Se eu o proibisse de estar com seus amigos, de ter as suas experiências, positivas ou não, então você nunca estaria pronto para o passo sucessivo. Haveria sempre um vazio para preencher em seu crescimento."

"Foi assim que você fez?"

Ele assentiu. "A vida foi feita para a gente se divertir, e não para simplesmente deixá-la passar. Você precisa saber quem é e do que gosta, para poder escolher o seu caminho."

"E você, o que pensa sobre isso?"

"Em certo ponto, compreendi que sair com os amigos, para fazer as mesmas besteiras, não era o meu jeito de ser. Decidi, então, me envolver cada vez mais nos estudos. Terminei o ensino médio com um pouco de atraso, arrumei minha mala, me despedi de minha mãe e de meu pai e embarquei. Desde essa época, sou aquele que você conhece. Eu e minha mãe tivemos os nossos altos e baixos, como todo mundo. É importante saber aprender com os próprios erros e compreender o que será feito no futuro."

As palavras que saíam da boca de meu pai eram como ouro. Eu o entendia e sabia aonde ele queria chegar, mesmo quando procurava ser evasivo por causa da minha idade. Já minha mãe preferia que as coisas fossem feitas sem ter que dar explicações.

De índole sou uma pessoa curiosa, então, desde a infância, procurava entender por que valia a pena fazer uma coisa e não outra. Essa é talvez uma das poucas coisas que poderia reprovar em minha mãe: o diálogo e a falta de empatia com meus sonhos e desejos.

Eu compreendia que, quando menina, ela deve ter recebido uma educação rígida, apesar de nunca ter me falado nada, mas isso não era um motivo suficiente para comportar-se do mesmo modo com o próprio filho.

No entanto, nos entendíamos rapidamente. Vivemos a maior parte de nossa existência entre nós, então era lógico que houvesse aquela afinidade que liga uma mãe ao próprio filho. Nunca tive e não tenho nenhum remorso na minha alma por ela. Sei que não era um rapaz diligente, e ela não fez nada além do que outras mães fariam. Se sou o que sou, é também e, sobretudo, por mérito dela, e não existe ninguém que poderia dar-me aquele amor, aquele calor, aquela atenção que recebi, senão ela. Ela sempre preencheu minha alma de felicidade e fez de mim uma pessoa orgulhosa do que sou.

Meu pai tinha um modo diplomático, mediador, durante os conflitos entre nós dois; já ela era irremovível e direta no seu juízo. Se o céu era nublado, ela não sabia dizer que era claro; se tinha sede, preferia beber, e não dizer que já tinha bebido; se lá fora chovia, não dizia que, ainda assim, era um belo dia. Se havia de sofrer, fazia isso sem autocomiseração, dizendo que, no fundo, cada ser humano tem a sua. Se era necessário demonstrar-se forte, então era desprovida de doçura e transbordava de amargura.

As pessoas que viveram uma vida rígida e difícil costumam ser as mais especiais: a sua alma é endurecida, a tal ponto que reflete as nuances mais imprevisíveis. Espero que essa frase ajude vocês a compreenderem como vejo minha mãe.

Então, vocês poderão compreender por que ela não levava muito em conta os meus sonhos e desejos. Eu continuava sonhando em ser cantor também durante a adolescência.

Na verdade, eu era um grande sonhador.

OS MEUS PAIS E EU

Aos doze anos, os meus pais me disseram que eu havia sido adotado. Cresci junto a eles, sempre os tendo como ponto de referência, então, para mim, eram os meus pais no sentido absoluto, e continuam sendo até agora. Todavia, não concebia a ideia de poder ter outra mãe.

Durante a adolescência, descobri que eles mantinham os documentos de adoção em casa. Imagino que eles conservassem esses documentos melhor do que a própria poupança.

"Você é a nossa riqueza", disse-me um dia minha mãe, depois que eu havia mencionado o fato. "Desde o primeiro momento em que pus os olhos no seu belo rostinho, entendi que o meu futuro seria rico de acontecimentos e pleno de satisfações. Não há coisa mais preciosa para o homem do que o próprio homem."

"Pena que uma parte do resto do mundo pense de forma diferente", disse-me.

Em todo caso, nunca tinha nascido em mim uma verdadeira curiosidade de procurar aqueles papéis.

Nem ao menos me passou pela mente que a três ou quatro metros de onde eu habitualmente ficava, naqueles documentos, pudesse existir qualquer informação que me levasse a conhecer a minha mãe biológica, a minha família de origem, os meus avós e todos os outros parentes que tinha no Brasil. Tudo isso parecia uma parte obscura de mim, e eu procurava me manter longe disso, como se tivesse o temor de entrar em um círculo assombrado.

Na verdade, havia naqueles documentos muito mais do que eu imaginava. O nome de minha mãe biológica sempre esteve em minha casa. Não sabia que aquele nome era como uma semente escondida, que eu tinha o poder de fazer brotar em um encontro que poderia mudar a minha vida.

O ser humano, às vezes, aceita permanecer na obscuridade para não enfrentar uma verdade inconveniente.

Talvez esse medo estivesse ligado à ideia de que, ao questionar sobre minhas raízes, eu descontentasse meus pais, cometendo um erro contra eles.

Um dia me abri com minha mãe, revelando os meus sentimentos contraditórios sobre a questão de minhas origens e como estava hesitante em enfrentá-la. Ela disse que não havia nada de mal em perguntar sobre as próprias raízes. Toda pessoa que se crê digna da própria existência tem o dever de conhecê-las.

"Um ser humano que não se pergunta de onde vem não saberá nunca para onde vai", concluiu, beijando-me a testa, antes de me acariciar os cabelos.

Parecia sincera, e era, mas eu percebia uma espécie de tremor na sua voz que deixava transparecer a melancolia que continha em sua alma. Educar alguém como seu próprio filho e, em certo ponto, encorajá-lo a procurar as suas raízes pode ser chamado de conflito de interesses. Meu pai, porém, era suficientemente sábio para entender que, quando se tenta manter um pássaro preso numa gaiola, no momento em que o deixamos livre ele voltará ao lugar onde chocou o seu ovo.

Senti que se tratava de um argumento delicado, que poderia perturbar os meus pais, mesmo que eles nunca admitissem, então decidi deixar essa questão de lado.

Nesses casos, tenta-se concentrar em outra coisa.

Eu estava num período em que nascia em mim o desejo de trabalhar no mundo do espetáculo. Primeiro, pensei em ser apresentador de TV, depois ator. Na verdade, o que me cativava era o trabalho e a experiência de viver atrás das câmeras. Ser diretor de cinema era um sonho que tinha desde pequeno, depois de ter visto pela primeira vez *Cinema Paradiso*, filme dirigido por Giuseppe Tornatore, meu compatriota, para simplificar.

Quando exauri as minhas fantasias sobre o cinema, então comecei a dirigir os meus interesses à política, que estava começando a apaixonar-me.

Então, me dei conta que lentamente estava abandonando o garoto sonhador que havia em mim. O que pude ver, além da linha do horizonte, era um homem ambicioso.

Alguém já disse que as ambições são o motor do sucesso. Não sei se é verdade, digo apenas que uma pessoa sem ambições não consegue alcançar nada na vida. E, uma vez que eu queria ser alguém no futuro, comecei a frequentar as sedes dos vários partidos políticos em Trapani, para sentir o ar que se respirava e qual seria a ideologia que se alinharia aos meus ideais. Andei muito, todos achavam que estavam corretos e jogavam veneno nos seus adversários, prometendo a todos um mundo melhor.

Nunca confiei em quem grita muito, prometendo aquilo que não consegue cumprir, por isso decidi gastar meu tempo com outras ocupações, com as pessoas, com aquilo que elas pensam e querem fazer.

Nos relacionamentos com outras pessoas, sempre procurei qualquer coisa que me faltasse e que não conhecesse. Creio fortemente que a chave de tudo, o elixir, esteja nos relacionamentos sociais. Depois do ensino médio, sempre tive muitos amigos, ou pelo menos tenho me relacionado com um grande número de pessoas.

Pensando agora nisso, creio que seja algo que me tenha trazido serenidade. Procurava isso nas amizades, de modo particular nos relacionamentos com as garotas.

Quando cresci, comecei a sair com os amigos. Não obstante as objeções de minha mãe, gostava de andar pelas ruas de Trapani, cidade que amo, que me tem dado tanto e para a qual também gostaria de dar muito. Nutro pela minha cidade um forte sentimento de identidade, na verdade, frequentemente digo aos amigos, conhecidos e parentes: "Eu sou mais trapanese do que vocês, porque, diferentemente de vocês, escolhi sê-lo". Em particular, frequentava a Via Manzoni. Ali havia bares e salões de jogos.

Uma noite eu estava bastante tonto e adormeci no bar. O proprietário chamou minha mãe para me levar para casa. Depois de me pôr na cama, a pobre mulher voltou ao bar para recuperar meu *scooter*. Ela o empurrou por dois quilômetros com a direção travada. Até hoje, depois de todos esses anos, não consigo entender como ela fez isso.

No dia seguinte, recebi dela um pesado sermão, que se acalmou somente depois que prometi que não me comportaria mais daquele modo. Continuamos a ter um relacionamento conflituoso e, enquanto isso, também a minha relação com a fé estava um pouco dividida. Isso acontecia especialmente nos momentos de maior dificuldade, quando via meus sonhos partidos e me sentia um eterno incompreendido.

Nos momentos de maior conflito com os meus pais, e, em particular, com minha mãe, tinha vontade de gritar o meu desejo escondido, que crescia ano após ano, de conhecer as minhas origens, de encontrar a minha mãe biológica. Embora fosse apenas um garoto, percebia as consequências que podia ter essa explosão, de quanto podia ferir os meus pais, sobretudo minha mãe, enquanto o sentimento de vergonha me envolvia como um pacote impregnado com minha própria deslealdade.

"Voltei, minha mãe. A minha peregrinação em terra estrangeira terminou e estou aqui para ficar com você!" Era isso que eu dizia a minha mãe biológica, em um dos meus tantos sonhos recorrentes que começavam a me atormentar.

"Permanece onde você está, porque junto a mim irá sofrer", dizia-me uma figura indistinta.

Acordei com medo e com falta de ar, perguntando-me como uma mãe pode repudiar a carne de sua carne, no momento em que esta tinha mais necessidade. Faltavam-me forças, tanto que me sentia desmoralizado.

Não percebia que todas aquelas visões não eram nada além de uma mistura de sensações cotidianas vividas com os meus pais. Foi um período em que a tristeza colocou raízes profundas em minha alma. Isolei-me de tudo e de todos e comecei a cultivar o meu pensamento. Mais que escolha, havia a necessidade de ocupar o meu tempo livre, que era ainda mais livre distante dos meus amigos, das ruas da minha cidade e das chamas amorosas que aprendi a consumir furtivamente.

Estava de frente para mim mesmo e me perguntava por que a visão dos lugares onde havia nascido estava se transformando em obsessão, por que eles me eram tão queridos? Não é possível nutrir sentimentos por qualquer coisa que nunca se tenha visto, dizia meu pai. E quem disse que se tratava de um lugar que eu nunca tinha visto? Eu tinha nascido ali e queria voltar; esse pensamento conseguia me afastar da minha tristeza. Todavia, permanecia sendo um desejo abstrato e vago, cuja realização me parecia remota.

OS PARENTES

De início, os meus parentes não tiveram uma opinião positiva diante da ideia dos meus pais de adotarem um bebê. Em geral, entre os parentes e amigos dos meus pais havia se desenvolvido um clima de hipocrisia e preconceito diante do diferente, da criança supostamente problemática, como se eu fosse uma pessoa predestinada a me tornar difícil de cuidar (na realidade eu era, mas por minha personalidade). Havia muito ceticismo sobre a escolha de meus pais.

Quando minha mãe exprimia uma queixa, mesmo que insignificante, sobre mim, era fácil que nossos parentes e amigos apontassem o dedo sobre a escolha de adotar uma criança, principalmente sendo estrangeira.

"Eu disse a você que as crianças adotadas são assim." Era o comentário da maior parte das pessoas.

Frequentemente eu estava presente quando as pessoas diziam essas coisas, e devo dizer que me sentia um pobre desgraçado. Não gostava de virar alvo, em razão de qualquer besteira feita quando menino. Tinha o direito de errar, como tinha o direito de viver. E ninguém nunca falava do fato de que eu ia bem na escola, talvez melhor do que todos os meus primos.

Às vezes, as pessoas são mais inclinadas a destacar as falhas dos outros, ignorando deliberadamente os seus méritos. No meu vocabulário, isso se chama inveja e maldade estúpida.

Não conseguia compreender os meus parentes e seus preconceitos.

Minha mãe sentia o quanto eu sofria e me olhava fixamente, penetrando fundo em minha alma. Ficava calada e não rebatia o comentário dos outros sobre mim. Assumia um ar enigmático, que podia ter várias interpretações. O fato de minha mãe não enxergar a verdadeira raiz do problema, deixava-me louco. E, como se não bastasse, também me proibia de me defender. Assim, comecei a evitar as visitas dos parentes, trancando-me no meu quarto para ouvir música ou ler alguma coisa.

Por que o ser humano é tão superficial, quando vê diversidade?

No meu modo de ver, eles eram pequenos, por causa do jeito de argumentarem. São as ideias, o pensamento e o bom senso que tornam uma pessoa digna de si mesma e do próximo.

Perguntava-me o que havia de errado com meus parentes.

Não sou daqueles que gostam de demonstrar aquilo que não é, por isso não me importei com o que os outros pensavam. Não suporto quem se comporta como idiota, só para agradar os outros. Quando minha avó estava gravemente doente, fiquei a seu lado por dias, e não o fiz por que queria bancar o bom menino, mas porque sentia dentro de mim a vontade de fazê-lo. Aquela mulher sempre foi afetuosa comigo e não fazia distinção entre os seus netos.

"Vocês são meus", dizia, "todos vocês são sangue do meu sangue". Depois, o seu olhar se dirigia a mim acrescentando: "Você mais do que todos os outros...".

Ninguém pode imaginar como é se sentir parte de alguém de quem você gosta. É um sentimento único que cada um vive a seu modo.

Era a mãe de minha mãe e estava sempre disposta a me compreender.

Uma noite, enquanto se aproximava do fim, me disse: "Não dê importância às fofocas, ninguém é perfeito, e, se alguém acredita ser, é um perfeito imbecil".

A inocência que exprime um velho sobre o leito de morte é comparada àquela de um bebê no berço. Ela pôs sua mão sobre a minha e sua respiração agonizante tocou os meus cabelos, ou ao menos me parecia assim. Se existe um momento em que a maldade e o preconceito são inexistentes no ser humano, é quando ele se encontra no leito de morte. Então me pergunto: É possível que o ser humano seja tão doido de não compreender que a transparência é o elixir de uma vida serena?

Ao pronunciar essas palavras, eu sofria mais do que a minha avó que definhava sobre o leito de morte.

A cena desperta em mim o eterno conflito que eu tinha com minha mãe. Ela queria ser perfeita, então desejava criar um filho perfeito. Não preciso repetir a definição de minha avó sobre a perfeição, mas sou da opinião de que esse era em parte o erro de minha mãe. Ao perseguir esse ideal de perfeição, na verdade, impedia minha autorrealização. Até agora me angustio por ela e por suas escolhas sobre mim, embora tenha certeza de que foram feitas de boa-fé.

Ela queria me proteger.

A verdadeira raiz do problema era a minha grande necessidade de amor. Eu procurava amor e aceitação na família, assim como fora dela, entre os amigos, e o fato de minha mãe não compreender bem essa minha exigência, me incomodava muito. Queria ser reconhecido e apreciado por todos. E me empenhava para fazer isso acontecer. Mais do que os outros. Porque este mundo é assim: há quem consiga as coisas facilmente e quem precise lutar para obter a normalidade. Prefiro estes últimos; somente eles são capazes de crescer diante do próprio sofrimento.

Tentei fazer isso até agora: construir o meu futuro sobre as cinzas do preconceito e da maldade, porque a cortesia cabe às pessoas que têm coração e a indiferença aos tolos e medíocres.

Sou tolerante com minha mãe, talvez mais do que o necessário, e não me arrependo disso. Aceitei o fato de ela ter cuidado em escolher as pessoas com que eu me relacionava – ela gostava de fazer uma radiografia das famílias dessas pessoas, porque, segundo ela, tudo partia da família –, mas não que me impedisse de sair.

Não quero me perder em elogios, mas, com o passar do tempo, a opinião dos amigos e parentes a meu respeito mudou sempre e cada vez mais para melhor, e devo admitir que isso se deve muito a mim. Não há maior satisfação para o ser humano do que constatar por si próprio que nada é impossível. Foi então que compreendi qual seria o meu percurso e o modo de traçá-lo: iria dedicar-me às pessoas com a mesma cortesia e dedicação com que me dedicava a mim mesmo. Além disso, minha dedicação aos outros é significativamente superior à que nutro a meu respeito. A isso se adiciona um detalhe nada óbvio: os meus parentes começaram a me demonstrar afeto e amor. Em particular, as minhas duas avós, materna e paterna, que representaram para mim um ponto de referência, uma âncora e até uma salvação. A minha avó materna se transformou na minha nova confidente, uma segunda mãe.

Recordo que, no meu isolamento, às vezes encontrava consolo assistindo ao programa de Maria De Filippi, apresentadora italiana mais popular da televisão italiana. Eu a via um pouco como a mãe dos italianos. Ela se preocupava com rapazes como eu, procurando dar sentido e lugar à necessidade de amor e solidariedade deles, procurando ajudá-los e preenchendo seu vazio.

As festas de Natal sempre foram as minhas preferidas, pelo simples fato de que davam sentido a meu modo de ser.

Não há nada igual ao bem que se percebia nesses dias. As pessoas pareciam decididamente mais bem-dispostas com relação às outras. Pena que a disponibilidade fosse circunscrita somente ao período das festas, ou seja, a poucos dias.

Todavia, os gestos benevolentes, os sorrisos, as sensações de felicidade que se respiravam naqueles poucos dias superavam tudo quanto a minha imaginação jamais houvesse concebido. Era então que me sentia um ser humano em meio aos demais, um rapaz no coração da própria família. Sentia-me sempre mais digno deles e consciente de que a nossa realidade se entrelaçava em uma relação duradoura. E, se antes procurei abrigo na minha solidão, agora sabia que o meu refúgio ideal seria a minha família e tudo aquilo que ela fazia para permanecer unida.

Depois do diploma

Depois que me formei em contabilidade em Trapani, comecei a frequentar a Universidade de Direito em Pisa. Fiz isso, sobretudo, para agradar minha mãe. Na realidade, nunca tive verdadeiro interesse pelo Direito em si, embora tenha me dado ideias importantes para a atividade política.

Eu vivia em um colégio mantido por religiosos, com horários e códigos de comportamento rígidos. Cá entre nós, sentia-me em casa: o regime de vida que minha mãe me impunha não deixava nada a desejar ao dos frades.

Uma das regras basilares era a proibição do acesso de garotas aos quartos. Para a minha boa ou má sorte, conhecia muitas garotas em Pisa e não conseguia desistir de trazê-las para ficar comigo no meu quarto.

Estava bem atento ao que fazia, porque sabia que entre os colegas havia muitos espiões. Todavia, mesmo me esforçando para ser prudente, um dia acabei na caderneta de um sacerdote do instituto. Um aluno de Arezzo espionou o meu quarto, quando uma garota estava ali.

Em certo momento, ouvi alguém bater à minha porta. Era um sacerdote que trabalhava no colégio. Entrei em pânico. Disse para a garota se esconder no banheiro. Abri a porta e ele começou a inspecionar o quarto. Não encontrando ninguém, dirigiu-se à saída e o meu coração retomou o seu ritmo. Depois, de repente, parou perto da porta do banheiro e tentou abri-la. Abaixou a maçaneta, mas a porta permaneceu fechada.

"Por que está trancada?", perguntou-me.

"Quebrei a chave, ficou dentro e não sei como fazer para abrir", inventei no momento essa desculpa, certo de que a minha resposta não era convincente.

O sacerdote fixou os olhos em mim. "Então, por que você não relatou isso à direção?"

"Não sei, não tive tempo", respondi gaguejando: sempre fui bom para contar mentiras. "Achei que eu mesmo daria um jeito nisso."

O outro entendeu que era uma loucura e esboçou um sorriso. "Sei que você traz garotas ao quarto", disse com astúcia, "caso fosse uma só, até poderia deixar para lá, mas daqui a pouco só falta termos um harém, e isso não posso tolerar, entendeu?".

Enquanto ele falava, minha mente pensava febrilmente nas consequências, nas palavras de minha mãe e, sobretudo, no olhar desiludido de meu pai.

"Também Deus tem o seu inferno, é o seu amor pelos homens", escreveu Friedrich Nietzsche, e eu rezava dentro de mim para que desta vez Deus voltasse de seu inferno para salvar-me daquela situação delicada e embaraçosa.

Mas nem Deus nem o destino me socorreram. O sacerdote tirou do banheiro a garota, que estava mais constrangida do que eu, a interrogou quase como se fazia durante a Inquisição espanhola e, depois, fez o relato ao superior. Minha mãe me disse várias coisas ao telefone, enquanto meu pai falou apenas uma frase: "Estou desiludido, filho".

Era assim: uma sentença de meu pai pesava mais do que a coleção de maldições de minha mãe.

Desde esse dia, até as férias de verão, decidi ficar de castigo. Prometi a mim mesmo que não envergonharia mais meus pais com minhas ações e teria mais respeito por mim mesmo.

Aquele incidente desagradável estava me levando a tomar uma decisão que se tornaria uma surpresa para mim e para os meus pais. Procurei tratar de me desenvolver rapidamente, seguindo pela enésima vez a minha inspiração, que era fortemente influenciada por um conselho de meu pai. Entendi que não estava ainda pronto para me formar e, assim, procurei outra saída, outra inspiração, que viria logo e da maneira mais natural possível.

Durante as férias, voltei a Trapani.

Os meus pais não mencionaram o incidente do colégio e estava grato a ambos por me pouparem de outro constrangimento.

Às vezes, percebia a tentação de minha mãe de voltar à questão, mas, depois, por alguma estranha razão, desistia. Intuí que houvesse alguma promessa feita a meu pai de não tocar mais num assunto passado. Pode-se dizer que o comportamento de minha mãe me facilitou muito as coisas naquele verão, deixando-me livre e tranquilo para avaliar o meu estado de alma, que mais tarde condicionaria as minhas escolhas.

De resto, para manter uma convivência pacífica e serena sob o mesmo teto, é necessário que quem mora ali não fale mais do que deveria.

Conheci Greta no fim de junho – conterrânea trapanese e dois anos mais jovem que eu. Ela me impressionou desde o primeiro momento, não somente por sua aparência, mas, sobretudo, por uma luz misteriosa que pairava entre seus olhos e sobrancelhas. Tive, de súbito, a sensação de que era uma garota profunda, de poucas palavras e, sobretudo, uma boa ouvinte. Sabe-se que nós, homens, por natureza, temos mais necessidade de sermos ouvidos do que de ouvir. Assim, depois de tantos eventos extraordinários e alguns infelizes, chegou ela, sorrateiramente, como é de seu estilo, um anjo por quem eu estaria disposto a vender a alma ao diabo.

Greta era uma garota introvertida e sensível, inteligente e compassiva. Uma daquelas mulheres que só se encontra uma vez na vida. Comecei a vê-la como a solução para os meus males. Quero frisar que a minha escolha não se devia à perspectiva de que ela pudesse ser o para-raios para os meus problemas, mas ao fato de que com ela eu conseguia encontrar a verdadeira intimidade e o autêntico afeto que buscava. Dizem que é carente de afeto quem nunca recebeu ou quem recebeu pouco, mas no meu caso é diferente. Eu tinha recebido, tanto dos meus pais como dos primos e parentes, mas não era aquele tipo de afeto que podia envolver até a última célula do meu corpo. Na vida procurei sempre a intensidade e não a quantidade.

Greta não era somente uma boa ouvinte, mas também uma mulher invencível. Ela não preferia falar, entender ou fazer as coisas apenas pela metade, percorria todo o caminho uma vez que tivesse tomado uma decisão. No mais, tinha uma qualidade que eu não conheci em nenhuma outra pessoa: não tinha ressentimento, o que é uma coisa quase impossível para o ser humano. No mais profundo de seu coração, ela sempre sabia perdoar o outro e encontrar uma razão para as suas ações, independentemente do efeito que poderia ter sobre ela.

"Agora vou explicar para você por que me sinto assim", disse-me uma noite, enquanto passeávamos sob o luar em Lungarno, na mágica cidade de Pisa, "porque não sou egoísta e, quando me deparo com o azar, procuro convencer-me de que aquela é a minha sorte. Diante da indiscrição das pessoas, vejo uma curiosidade provinciana e, me liberando dos meus preconceitos, redescubro o segredo de uma vida serena".

Com isso, vocês podem entender bem que não foi difícil convencê-la a vir estudar em Pisa comigo.

Eu tinha vinte anos e ela dezenove.

Desde que comecei a namorar Greta, não tive tempo para observar as outras, nem me interessava em fazê-lo, algo que se poderia considerar um milagre para um tipo sanguíneo e passional como o meu.

O nosso amor foi coroado por uma filha. E, assim, depois de alguns meses de nossa convivência como casal, ela ficou grávida.

A nossa vida sofreu uma mudança radical.

Greta voltou a Trapani e a segui depois de algumas semanas. Abandonei a universidade sem arrependimento. Além disso, não tinha ido bem nas provas e estava reprovado. Escondi esses detalhes de meus pais porque já estavam suficientemente preocupados com a gravidez de Greta. Para minha grande surpresa, eles se mostraram compreensivos e, em certo sentido, atenciosos. Eu e Greta decidimos viver juntos e minha mãe batalhou muito para encontrar um lugar para nós. Nós nos estabelecemos em um lugarejo tranquilo, vizinho a Trapani. Meus pais estavam convencidos, minha mãe mais do que meu pai, de que, uma vez encontrado um lugarzinho para Greta, eu voltaria a Pisa para continuar os meus estudos.

Chegou o momento de dizer aos meus pais a verdade.

Uma tarde eu estava em Trapani com minha mãe e lhe confessei que tinha decidido abandonar a universidade porque havia ido muito mal nas provas. Ela ficou muito triste porque viu ser desfeito o seu sonho de me ver formado em Direito. Repreendeu-me à sua maneira, tanto que me senti mais culpado do que deveria.

Meu pai felizmente não estava lá, então tive que sentir isso por ele também.

Em certo momento, perdi a paciência e uma parte da razão e lhe disse que ela não tinha o direito de me impor o que eu deveria fazer ou estudar.

"E, depois, você não é minha mãe!", gritei na cara dela, fora de mim.

"Ah, eu sou, sim" disse ela, imperturbável, "mais do que você acredita. Não sou aquela que o concebeu, mas o acolhi, eduquei e cuidei de você melhor do que poderia fazer, se também tivesse colocado você no mundo. Porque a minha responsabilidade por você foi dupla. Sou sua mãe em tudo e por tudo, e, se ela o carregou por nove meses, eu amei, suportei e sustentei você por vinte anos, entendeu?".

Era verdade, mas eu estava com muita raiva para dar-lhe razão. "Não tem o direito de me fazer viver como você quer, nem se fosse minha mãe biológica."

"Pelo seu comportamento, parece que você quer nos deixar... Bem, se você sente vontade de fazer isso, faça."

"Tenho idade para fazer as minhas escolhas e você certamente não será capaz de me impedir."

"Bobo você não é mais." Eu me amaldiçoei por ter-lhe provocado aquela angústia. "Você não entende nada. Se queria que você estudasse Direito e se tornasse um advogado respeitável, não era para me gabar a amigos e parentes, mas por você, para que as pessoas entendessem que um garoto adotado de um país distante também pode dar o melhor de si, desde que haja oportunidade. Enfim, para demonstrar que cada um de nós consegue obter o máximo se tiver a chance."

Estava prestes a responder e dizer a ela que sentia muito pelo que tinha dito, mas ela me precedeu: "Eu falei o suficiente, você deveria se envergonhar das suas palavras".

Não nos falamos por meses. Não foi por culpa minha, ou melhor, eu estava consciente de ter feito a confusão, mas, ao mesmo tempo, me sentia pronto para fazer as pazes. Ela estava decidida a não me dar a satisfação de ter vencido. Mesmo que, nesse contexto, não se tratasse de um desafio. Porém, minha mãe via tudo como um desafio, foi educada desde pequena como se a vida toda fosse uma competição.

Meu pai, por sua vez, decidiu manter uma posição neutra, não queria ser contra nem dar razão a nenhum dos dois. Mas ele tentou apaziguar as lágrimas que havia entre mim e minha mãe.

"Ela é uma mulher orgulhosa por natureza, mas quer o seu bem. É uma pessoa verdadeira, que não conhece os caminhos fáceis ou o meio-termo, vai imediatamente ao ponto e, às vezes, se torna sufocante. Porém, quanto mais velho você ficar, mais vai perceber que sua mãe tem razão em reprová-lo por ter abandonado os estudos. Chegará um momento em que você vai querer fazer ou ser algo além daquilo que já faz ou é, mas será muito tarde."

Em teoria ele estava certo. "Eu sei, ela tem razão, você tem razão, mas é que não me sinto pronto para estudar Direito", expliquei-lhe, com o coração em pedaços por ter causado aos meus pais toda aquela infelicidade. "Você, papai, uma vez me disse que as coisas devem ser feitas quando estamos prontos. No momento, devo me ocupar com a minha mulher e a minha filha que está chegando. Ainda sou jovem, tenho tempo para me formar."

Ele concordou pensativo. "Sim, entendo e concordo com você. Mas o que não me agradou foi a resposta que você deu a sua mãe. Porque ela é sua mãe, entendeu?"

Concordei contra a minha vontade. "Não queria dizer aquelas palavras a minha mãe. Sei que a magoei, e sinto muito mesmo".

"Se você tivesse falado com ela e lhe tivesse dito aquilo que me falou, garanto que o relacionamento de vocês teria tomado outro rumo. Confesso a você que essa situação me faz sofrer muito."

Eu o abracei e apoiei minha cabeça sobre seus ombros. "Sinto falta de minha mãe", eu soluçava, "essa situação também está acabando comigo".

"Por que não vai falar com ela de coração aberto?", sugeriu-me ele.

Era mais fácil dizer do que fazer. Eu era orgulhoso como ela, o que não favorecia a paz. "Tentei, papai, mas ela continua a se mostrar aborrecida."

"Isso porque vocês são iguais. Um dos dois precisa ceder, para o bem da família."

Eu cedi, para ser mais preciso, comecei a falar, mas ela me precedeu, como sempre fazia, quando via que estava com dificuldades para me comunicar. "Tudo bem. Saiba que você é meu filho e que não há nada nem ninguém no mundo que possa mudar isso."

Eu a envolvi em meus braços. "Quem sou eu para questionar a vontade de Deus? Creio fortemente que foi Deus quem a guiou para mim, quem a guiou para a criatura que uma jovem do outro lado do mundo carregava em seu ventre. Você não tinha me visto e não sabia de onde eu vinha, então, o fato de ter me escolhido é um milagre."

"Ah, meu querido, fico tão feliz que você finalmente tenha compreendido", disse ela, enquanto eu sentia no meu peito as suas lágrimas quentes. "Rezei para que Deus me desse um filho, e ele me trouxe você."

Antes disso, vivi períodos, sobretudo na adolescência, em que minha fé vacilou, apesar dos esforços de minha mãe. Mas, desde que tudo isso aconteceu, acredito que, se eventualmente me tornei seu filho, a decisão divina teve algo a ver com isso.

Nas semanas que se seguiram, comecei a procurar emprego para manter Greta e a criança que estava chegando. Estava disposto a fazer qualquer trabalho, a fim de ter uma renda estável.

Um conhecido meu me propôs ser militar. Apesar de sempre ter odiado a vida militar e tudo aquilo que ela comportava, decidi aceitar a proposta, a fim de ter segurança econômica.

Alistei-me por dois anos no Exército como voluntário. Fui transferido de Trapani para o Regimento Lagunari "Sereníssima", um departamento de infantaria de assalto anfíbio, a sete quilômetros de Mestre, em Malcontenta, uma cidade dividida pelo canal do rio Brenta, no Vêneto. O regimento pertencia à infantaria da Marinha do Exército italiano, e fomos treinados pelos Marines americanos. Eu tinha boas condições físicas, e sabia também como me fazer respeitar por todos, mas não gostava daquele lugar.

Queria ir embora dali e, assim, comecei a arquitetar um modo de ser expulso do regimento e me transferir para perto de minha família. Minha filha tinha nascido e eu a tinha visto somente uma vez. Deram-me três dias de licença quando Greta foi internada no hospital para dar à luz.

Um dia, enquanto marchávamos com uma mochila de quinze quilos nos ombros, comecei a mancar. Levaram-me à enfermaria.

"Nada apareceu nos exames. Este rapaz está mentindo, não tem nada de errado com ele", disse o médico, um cara autoritário, com um ar fortemente grave.

"Não é verdade", protestei, sabendo bem que ele tinha razão. "Eu não estou bem." No fundo era verdade: não poder dar assistência a minha mulher e minha filha naqueles dias me machucava e me abatia moralmente.

"Você não está bem é da cabeça", opôs o médico e me dirigiu um olhar da cabeça aos pés. "Que pecado ter um físico como este e tentar fugir do exercício militar."

Fiquei com vontade de xingá-lo, mas me contive, tinha em mente outro plano, e não queria prolongar a conversa com o médico.

Num outro dia nos penduramos com uma corda de vinte e cinco metros, entretanto, como sofro de vertigem, parei no meio do caminho. Não conseguia subir nem descer e meu superior veio me socorrer. Porém, fiquei parado, tremendo, imóvel. Nem mesmo três soldados conseguiram me mover. No fim, para eu descer, tiveram que recorrer ao helicóptero. O meu superior não me disse nada, mas, no mesmo dia, escreveu um relatório sobre mim que enviou ao comando.

Uma semana depois, fui excluído de Lagunari e aceitei a ordem sem esconder o meu alívio. Em seguida, entrei na polícia, no *Ufficio Scorte*, onde trabalho até agora e onde tenho escoltado figuras como Pe. Ciotti, o magistrado Gian Carlo Caselli e o Papa Francisco.

Quando na vida se é descartado, frequentemente é para ser promovido a melhores papéis.

O que posso dizer é que procurei fazer aquilo de que gostava e que me trouxesse mais satisfação. Mesmo que, para ser sincero, continue a não me sentir totalmente realizado.

Afinal, há algum rapaz de trinta anos que já se sinta realizado?

A VERDADE

Um dia minha mãe me disse que, naqueles famosos documentos que eles guardavam em casa, havia o nome de minha mãe biológica.

"Eu não deixei ninguém vê-los, nem mesmo a sua avó", ela me confessou. Então, fomos pegar os documentos juntos, lemos e encontramos um nome: Rosilene Evangelista Neves.

Sentia que, dentro de mim, se abria um abismo. A minha metade, que permaneceu na sombra por vinte anos, naquele momento veio à luz, e fez isso de uma maneira que parecia não natural para mim. Não sei quantas outras mães adotivas teriam revelado, de um modo assim pacífico, o nome da mãe biológica ao próprio filho. Não sei se aquilo era um modo de me incentivar a buscar as minhas raízes, mas devo admitir que nunca havia sentido tanto reconhecimento e afeto pela minha mãe adotiva.

As minhas raízes estavam diante dos meus olhos, e uma mudança radical na minha existência estava próxima. Ler e reler aquele nome desencadeou em mim uma revolução.

No entanto, fiz de tudo para que minha mãe não percebesse isso. Não queria que ela visse a minha perturbação e começasse a se preocupar. Meditei em silêncio sobre tudo aquilo que estava escrito, e, depois, surgiu uma questão: por que nos documentos não havia o nome do meu pai?

Minha mãe pareceu adivinhar minha dúvida. "Não havia o nome de seu pai, e ela nunca nos disse o nome dele", me explicou, um pouco titubeante, como se quisesse ter certeza de que eu estava me questionando sobre aquilo. "Como você vê, somente ela assinou a adoção."

Eu estava com a garganta seca.

"Você é meu filho, mas o fato é que Rosilene não quis revelar-nos o nome do homem com o qual ela concebeu você. Não sabemos se por vontade dele ou dela. Somente disse que ele tinha ido embora, nada mais."

Então, pensei que, talvez, naquele momento, o meu pai brasileiro poderia encontrar-se no exterior a trabalho ou mesmo para prestar serviço militar em alguma terra distante. Porém, se é verdadeiro o ditado que a maçã nunca cai longe da árvore, duvido que pudesse ser um militar. Mas poderia também estar na prisão. Fantasiei sobre várias possibilidades, procurando justificar a ausência do nome e da assinatura do meu pai naqueles documentos. Por que sempre procuramos um atenuante plausível, mesmo quando nos encontramos de frente à dura verdade? No meu caso, queria convencer-me a todo custo de que era filho de dois jovens apaixonados, que ainda se amavam e que deram seu filho somente porque não lhe podiam garantir uma vida melhor.

Às vezes, penso que as desculpas são inventadas para auxiliar os infelizes. Não sei, mas, naquele momento, me sentia exatamente assim: infeliz. Apesar da delicadeza demonstrada por minha mãe, pensava ter sido gerado por uma jovem mulher indefesa e por um homem que lhe havia deixado à mercê do próprio destino. Somente naquele momento entendi o gesto nobre e sofredor de minha mãe biológica, pois, talvez, em condições mais favoráveis, ela pudesse ter-me mantido com ela. Percebia que o meu desejo não era tanto o de justificar o gesto de Rosilene, quanto o de encontrar um motivo válido para não me sentir rejeitado.

Ao longo do tempo, foi nascendo em mim uma curiosidade incrível, como nunca poderia imaginar. Eu tinha sido colocado diante da verdade, e, ainda assim, essa era apenas uma parte dela, e queria e devia descobri-la por completo.

Passavam os dias, as semanas, os meses e os anos, e continuava sentindo aquela curiosidade muito forte, mas procurava, enfim, escondê-la, sobretudo de mim mesmo.

Às vezes, para convencer os outros, a pessoa procura primeiro convencer a si própria. Acreditava que, escondendo de mim esses sentimentos contraditórios, seria mais fácil escondê-los do mundo.

Tinha medo das mudanças que precisaria enfrentar se fosse à procura da verdade. Aquela era também a minha verdade, eu estava lá, a minha história, a minha identidade. O ser humano nunca para de interrogar-se sobre si mesmo, e, toda vez que o faz, torna-se sempre melhor do que era.

Às vezes, interrogar-se é um refúgio, faz-nos sentir mais ativos dentro de nós e mais inseguros diante do mundo. A verdade nos libera do engano, mas frequentemente o caminho que nos leva a ela nos assusta.

Eis como eu me sentia.

Talvez tivesse que descobrir coisas muito inconvenientes, muito duras de suportar, reviver traumas do meu passado, ligados em certo sentido ao de minha mãe biológica e às experiências do homem com o qual me concebeu.

E, ainda assim, eu dizia a mim mesmo que devia saber.

Havia escolhido uma missão delicada, que me inspirava como nenhuma outra antes, e, se os meus sentimentos contraditórios deixavam tudo confuso, sabia que devia conceder-me essa tentativa, essa experiência.

Perfume do Brasil

Era a primavera de 2016 e me encontrava em Turim com amigos. Eles haviam me convidado para comer em um restaurante brasileiro, o Copacabana. Nos trinta anos de minha existência, nunca havia experimentado a comida brasileira e, cá entre nós, não aceitei o convite com entusiasmo. Mas não era hora de me fazer de difícil, pensei, embora eu fosse fanático pela cozinha mediterrânea.

Para ser sincero, sabia pouco do Brasil, e não me envergonho de dizer que nunca havia me interessado pela língua, pelas cidades, pelos cantores, por sua gente, política e história. Tinha sempre visto o Brasil e os brasileiros como estranhos. O que é curioso: me sentia como uma árvore sem raízes, que se mantém na vertical, graças às cordas amarradas ao tronco e fixadas em pontos no chão. Uma árvore assim está destinada a cair cedo ou tarde, mesmo que as cordas sejam fortes e resistentes, e corre o risco de apodrecer e consumir-se por dentro.

Creio que fosse a distância das minhas raízes que me fazia sentir um homem consumido antes do tempo. Diz-se que cada um é mestre do próprio destino, mas acredito que isso depende das situações, que podem ser vantajosas ou não.

Devo admitir que, com o nascimento de minha filha, me encontrava em um estado de felicidade que aceitava quase todo gênero de circunstâncias. E enfim, voltando ao restaurante, comi com prazer comida típica brasileira, como *feijoada, churrasco* e *pão de queijo*. Provei pela primeira vez os famosos e irresistíveis *brigadeiros* e assisti às danças brasileiras.

"Que bela gente", disse a meus amigos.

"Os brasileiros são plenos de vivacidade e possuem um calor humano único", disse-me um deles, que se reputava um frequentador assíduo do local. "Cada vez que me sinto deprimido, sei o que fazer. Venho aqui e, no final da noite, o meu humor está decididamente melhor."

"Frequento este lugar só para dançar samba e lambada", disse-me outro.

Ao vê-los radiantes, imaginava como seria a minha vida no Brasil, arrastada pelo calor das pessoas, pela comida, pela dança e por tudo aquilo que girava em torno da vida de um brasileiro, e me dizia que as perspectivas teriam sido diversas em comparação com aquelas que me foram apresentadas até então na Itália. Quase sempre a cultura do país no qual se cresce estabelece o caráter do homem, independentemente do sangue que lhe corre nas veias.

Era esse o estado de minha alma, quando uma garota brasileira se aproximou de mim e disse-me: "Você é brasileiro, não é?".

"Sim, mas nunca estive no Brasil", respondi-lhe.

Ela me olhou estranhamente. "Como assim?"

Eu não gosto de contar minha vida ao primeiro que aparece, mas, desta vez, também por causa da atmosfera do lugar, respondi: "Fui adotado por um casal de italianos e vivi no Brasil somente os primeiros sete dias da minha existência. Depois disso, não tive a possibilidade de voltar lá".

Ela mudou de cor. "Estranho dizer isso, mas também fui criada por pais italianos."

Não sei por quê, mas as suas palavras me deram algum tipo de alívio. Ela era bonita, muito mais jovem do que eu – devia ter mais ou menos vinte anos –, e parecia disponível a satisfazer a minha curiosidade.

Nunca compreendi por que as pessoas são atraídas por alguém que teve uma história semelhante à sua do que por alguém que cresceu em uma realidade completamente diversa. Elas aprenderiam mais se fizessem a segunda escolha. Creio que a finalidade principal dessa escolha seja a busca contínua de si mesmo, também na história dos outros.

Então lhe disse: "Pelo que entendi, você já esteve no Brasil".

Ela assentiu. "Duas vezes."

"Por quê?"

"Meus pais biológicos estão lá e eu mantenho contato com eles."

"Desde quando não volta ao Brasil?"

"A última vez eu tinha dezesseis anos."

Era uma resposta vaga, que merecia ser aprofundada. "Quer dizer que você foi adotada já grande?"

Ela assentiu. "Eu tinha nove anos."

"Então era uma garota."

"Sim."

"Não deve ter sido fácil."

"Digamos que demorei um pouco para me habituar à nova realidade." Ela me fixou com os seus olhos verdes, idênticos aos meus. "Você nunca teve curiosidade de fazer uma viagem ao Brasil?"

"Na verdade, não." Era verdade, preferia aquela condição para não me sentir um filho adotivo. Afinal, nunca aceitei a distinção entre filho biológico e adotivo. Os filhos são filhos, e pronto. Mas a menina descobriu uma das minhas mais íntimas frustrações: o infortúnio de ter sido dado em adoção.

"Mas você deve conhecer o Brasil...", continuou ela, com ar de quem tinha sofrido um insulto.

"O que você sentiu na primeira vez em que voltou lá?", perguntei-lhe.

"A minha situação é diferente da sua", disse-me, "tenho recordações nítidas da minha terra natal, dos meus pais no Brasil, da minha infância, e cada vez que vou é como se voltasse para casa. Se você for para lá, aposto que também sentirá isso".

"Qual foi a reação dos seus pais italianos, quando você decidiu voltar para encontrar os seus pais biológicos?", perguntei-lhe, enquanto sentia acender-se uma faísca dentro de mim.

"Quero deixar claro que não fui eu que pedi para voltar ao Brasil. Foi ideia dos meus pais adotivos."

"Achei que tinha sido sua!"

Ela balançou a cabeça. "Eu fiz minha vida aqui, com meus amigos. Não é fácil se desligar de uma realidade serena, para voltar a um lugar onde minha vida frequentemente tinha condições difíceis. Os meus pais eram e são até hoje muito pobres, vivem em favelas, e eles fizeram isso apenas para educar de forma digna os meus oito irmãos menores. Confesso a você que a adoção foi para mim uma dádiva do céu."

"Como você se sente quando volta para lá?", perguntei-lhe, cada vez mais tocado por sua história.

"Como em casa, mas com a consciência de que, depois, voltarei para a Itália, onde a minha vida corre em trilhos seguros e me proporciona uma serenidade paradisíaca."

"Voltaria a viver lá para sempre?"

Ela balançou a cabeça. "Não creio, a menos que seja obrigada. Se tivesse que escolher, optaria pela Itália. O Brasil é feito para os brasileiros, para quem nasce e cresce ali."

"Talvez não para quem vive nas favelas."

"Vou contar uma coisa para você, há pessoas que vivem lá que dizem que não deixariam o Brasil por nenhum outro lugar e país do mundo. Aquela terra tem algo de magnético, que faz a gente querer voltar sempre, com prazer, e estou certa de que você sentirá o mesmo se for lá."

Naquele momento me lembrei de um ditado do meu pai, aquele que navegou pelos mares de todo o mundo: "Para um viajante, há lugares aos quais ele retornaria de bom grado e em outros não. É uma questão de afinidade, um tipo de energia que o captura e que emana de alguns lugares".

"Você quer dançar?", ela me pergunta, sacudindo os meus pensamentos.

Sorri. "Com prazer, mas não sei dançar."

"Não tem importância", ela respondeu de maneira ensolarada, "também não sabia sambar e, quando fui ao Brasil, um de meus irmãos me ensinou. Foi a experiência mais excitante e bela que já experimentei".

No começo eu estava hesitante, então alguns dos meus amigos, que me olhavam com certa inveja, me encorajaram a aceitar o convite.

"Está bem", disse-lhe "mas que fique claro que, se me sentir constrangido, volto para o meu lugar".

"Duvido!" Ela tinha um ar divertido. "Você verá que imediatamente ficará à vontade. Cristo, você é brasileiro ou o quê?"

Ela tinha razão. Acabou sendo uma experiência divertida e, para dizer o mínimo, relaxante. Embora eu não soubesse dançar, Maria, era este o nome da garota, soube me conduzir e me ensinar com facilidade surpreendente. Enquanto eu dançava, lembrei-me de um detalhe de sua história que me martelava a cabeça: "Foi um dos meus irmãos que me ensinou a dançar".

Então, perguntei-me se teria irmãos ou irmãs no Brasil. Mergulhei em minha imaginação: dancei com minha irmã que tinha mais ou menos a idade de Maria, a sua aparência e até mesmo os seus olhos. Dançávamos flutuando, agarrados um ao outro, em um samba alegre.

Agora a vontade de voltar ao Brasil e, sobretudo, de conhecer os meus pais era muito forte, o chamado da minha terra estava se tornando, para dizer o mínimo, um projeto insubstituível na minha cabeça.

Quando voltei para casa, falei com minha esposa e minha filha.

Greta imediatamente se mostrou cética. "Corre o risco de descobrir coisas sobre você ou sobre seus pais que poderão não fazer bem..."

Eu ainda tinha apoio absoluto delas.

Também falei com minha filha, e a sua reação foi para mim uma surpresa e uma revelação.

"Você tem outra mãe no Brasil?"

"Sim."

"Mas... então tenho duas avós!", quase gritou de alegria.

O apoio de Greta e a reação entusiasmada de minha filha desencadearam em mim outra vez o desejo de abraçar minha mãe biológica e de reunir minha família atual à minha família de origem.

Corri ao meu quarto e fiz o que vinha pensando há muito tempo. Liguei o computador, entrei no Facebook e digitei: "Rosilene Evangelista Neves".

Apareceram dezenas e dezenas de homônimos.

Quantos rostos, quantas mulheres que poderiam ser minha mãe.

Procurei concentrar a investigação na cidade brasileira que figurava como o lugar de origem de minha mãe nos documentos de adoção. Estudei os rostos na minha frente, procurando colher alguma semelhança com o meu. Tentei entrar em contato com pessoas que achava que tinham características semelhantes às minhas. Da maioria delas, não tive resposta. Umas responderam até com palavrões.

"Paciência", disse a mim mesmo, "quem disse que seria fácil?".

De fato, conhecendo o modo como tinha se dado os meus primeiros trinta anos, em que cada triunfo exigiu um razoável esforço, tinha certeza de que teria problemas para obter as respostas que estava procurando. Mas a vida também é isso, certo?

Tentei e tentei de novo entrar em contato com essas mulheres através do Facebook, por três meses, sem conseguir nada. A certo ponto, comecei a me desencorajar. Às vezes, escapava mais de uma maldição contra mim mesmo, por estar embarcando em uma tarefa que parecia sem fim. Percebi que a minha existência estava girando em torno dessa investigação enervante, embora promissora, e o fato de ela poder me levar a negligenciar algumas coisas me deixou furioso.

"Acho que você está fazendo tempestade em copo d'água", disse-me um dia Greta. "Você pretendia rastrear em três meses uma mulher que o pôs no mundo trinta anos atrás. É um espaço de tempo imenso, é lógico que você se encontre onde está. Em todos esses anos, muitas coisas podem ter acontecido, infelizmente, até mesmo uma desgraça."

"Ela está viva, eu sinto isso", rebati.

Para me reconfortar dessa eventualidade infeliz, minha filha enlaçou seus braços em meu pescoço e sussurrou: "Eu também acho que minha segunda avó está viva".

Abracei minha filha com força e sussurrei para ela: "Obrigado, meu amor".

Portanto, eu tinha outra sonhadora em casa, e achava isso reconfortante. Se as pessoas soubessem conservar a espontaneidade de uma criança na idade adulta, facilitariam muito a própria vida e a dos outros. Imaginei minha filha no meu lugar e deduzi que ela se comportaria exatamente como eu. Os ideais e os sonhos dos filhos não são tão diferentes daqueles dos pais que foram capazes de deixar sua marca.

Sem perceber, eu tinha traçado uma parte do percurso de minha filha: ela abraçou de tal forma a minha causa, que me forçou a levar a minha investigação ainda mais a sério.

Um dia, navegando no Facebook, me ocorreu a ideia de olhar as páginas relativas ao meu local de nascimento. Encontrei a página de uma rádio, chamava-se "Rismar Santana". Contei a minha história para um rapaz muito gentil e disponível dessa rádio e lhe deixei todos os meus dados e o nome de minha mãe biológica. Enquanto conversava com ele, sua voz se tornava sempre mais emocionada, tanto que levou a sério a minha história.

Mais tarde, depois de ter ido ao Brasil e de conhecer melhor os brasileiros, percebi que o radialista havia se mostrado muito útil, porque os brasileiros são pessoas intensas e calorosas, e têm um delicado senso de cortesia.

"Escute-me, Paolo!", disse-me com sua voz estridente e plena de energia saudável. "Prometo a você que encontrarei sua mãe."

Eu estava tão feliz de ter encontrado um aliado no meu caminho que chorei. Mesmo que não pudesse encontrá-la, o que era possível, conhecê-lo me deu uma imensa alegria. Foi então que percebi que estava mais ligado à minha terra natal do que imaginava.

Sabemos que são as ocasiões que fazem surgir as coisas e, cultivando meu conhecimento com alguém do outro lado do mundo, perto da minha mãe biológica, achei que estava na metade do caminho.

Por natureza, sou uma pessoa que não se deixa levar facilmente pelo entusiasmo – bastante incomum para um brasileiro, como pode observar qualquer um –, mas desta vez senti algo que me levou às partes mais remotas da minha alma.

Às vezes, à noite, sentia-me tão inspirado e pleno de esperança que, para descrever as sensações que experimentava, precisaria possuir a capacidade de um grande poeta. Havia imagens, lugares, rostos, personagens que se entrelaçavam para deixar uma marca indelével em minha mente.

Quanta simplicidade e quanta bondade demonstram as pessoas que não possuem nada, que vivem um dia por vez, tentando valorizar o seu tempo e o dos outros.

Por trás de um gesto amável se esconde a verdadeira pureza da alma humana. Assim, uma semana antes do Dia das Mães, a rádio transmitiu ao vivo a minha história e imediatamente fui contatado por um homem. Dizia conhecer minha mãe e ser meu tio.

Um dia depois tocou meu telefone. Olhei para a tela. A chamada vinha do Brasil. Respondi: "Pronto!".

"Olá, eu sou...", disse-me a voz de uma mulher que falava português. "Eu sou sua mãe", acrescentou ela explodindo em lágrimas.

Era ela, minha mãe.

Não era preciso ser poliglota para entendê-la.

Não consegui pronunciar uma palavra.

O coração batia descontroladamente, como se estivesse no meio de um mar de adrenalina. Minha mãe conseguiu me fazer perder a voz.

Eu chorei.

Era a coisa mais natural e fácil de fazer.

"Sinto muito", ela me dizia, "sinto muito, meu filho".

Compreendi que ela estava dizendo que estava muito triste. "Não há um dia que eu não tenha pensado em você", continuou repetindo a frase muitas vezes.

Eu me aproximei do computador, liguei e escrevi a frase no Google Tradutor. O resultado foi: "Non c'è giorno in cui non abbia pensato a te".

Foi o golpe de misericórdia: deixei-me levar por um choro que expressava a dor acumulada ao longo dos anos e pela imensa alegria que poderia acalmá-la. Como um sábio filósofo que não sabe explicar por que ele vê um caminho diferente a cada dia, também não fui capaz de determinar se aquela presença inesperada do outro lado da linha me trouxe felicidade ou sofrimento.

As suas palavras me atingiram como um raio, tanto que eu não sabia o que responder, então disse, em italiano, que entraria em contato em breve para me comunicar com ela usando o Google Tradutor.

A sua voz ficou preocupada, e eu não sabia se era por nos separarmos de novo ou por que ela não conseguia entender-me. O fato é que, naquela noite, não consegui fechar os olhos, fiquei meio paranoico, com medo de que ela pudesse ter achado nosso encontro perturbador e que tivesse decidido nunca mais me ver de novo.

"O que é um homem abandonado duas vezes seguidas pela própria mãe?", eu me perguntava, sem esconder a minha angústia, e um momento depois respondia: "Um homem perdido em uma interminável peregrinação em busca de esperanças".

No entanto, minha mãe havia se dado ao trabalho de procurar por mim. Evidentemente, ela havia feito contato com a equipe da rádio, que passou meu número.

Ela me ligou novamente no dia seguinte e meu coração quase parou. Cumprimentou-me em italiano, pronunciando as palavras com uma forte inflexão portuguesa. Perguntei-lhe como havia conseguido aquilo, e ela respondeu que fez o que eu a aconselhei: estava usando o Google Tradutor.

Corri para o meu quarto e liguei o computador.

"Gostaria de lhe abrir minha alma", disse ela, quando eu estava pronto para conversar. A voz dela estava muito diferente, mais quente eu diria, tentando falar em italiano.

Não há sensação mais esplêndida que sentir a ternura e a doce compaixão da mulher que o trouxe ao mundo. Sempre acreditei que essa sensação valesse somente quando se é criança, mas descobri que também se pode experimentá-la como adulto e com uma intensidade muito sedutora.

Ela me disse que me deu à luz aos dezesseis anos. Estava desempregada e sem casa, literalmente na rua. Meu pai era muito mais velho do que ela, vindo de uma família rica e importante, que possuía várias fazendas. Sendo aristocráticos e privilegiados, os meus avós paternos eram contra o casamento, também condicionados pelo fato de minha mãe ser pobre. Eles pretendiam e esperavam um futuro melhor para meu pai, com uma moça do mesmo nível social.

Então, meu pai decidiu abandonar minha mãe. Ela já tinha outro filho de uma relação anterior, que é um ano mais velho que eu e se chama Paulo. Outro acaso do destino.

Mais tarde minha mãe se casou novamente e teve mais dois filhos: Deborah e Fernando.

Paulo estava com a avó.

Minha mãe me contou que não esperava engravidar de mim porque tinha acabado de dar à luz, então, quando lhe sugeriram que me entregasse para adoção, aceitou a proposta para que eu pudesse ter um futuro muito melhor do que ela poderia dar. Na verdade, ela me disse claramente que não era capaz de me garantir nada, nem mesmo assistência médica. Pediu-me que entendesse seu gesto, dizendo-me que tinha sido um ato de amor. Para ser honesto, não dei muita importância a isso. Para mim, o fato de ela aceitar me contatar já era muito.

Eu compreendia minha mãe e as suas escolhas.

Se havia alguém nessa história que tinha me desiludido, era o meu pai biológico, que abandonou minha mãe e a mim. Segundo minha mãe, o homem que me concebeu gostava de beber, passear e de mulheres.

"Meu Deus!", disse a mim mesmo quando descobri, e o episódio me ajudou a apreciar mais o homem que me criou, que era para mim um símbolo de bondade e lealdade.

Quando contei aos meus pais sobre os contatos com minha mãe biológica, eles me entenderam e me deram apoio, para minha grande surpresa. Mostraram-se felizes e acolheram com entusiasmo a minha vontade de continuar cultivando o relacionamento que eu estava estabelecendo com ela.

Quando eu e minha mãe Rosilene trocamos fotos, devo admitir que fiquei um pouco desapontado, apesar da enorme dose de emoção que envolve momentos como esse. O fato de me assemelhar pouco a ela era difícil de digerir. Ela disse que eu tinha muita semelhança com meu avô paterno. Minha decepção foi devido à esperança cultivada dentro de mim, filha da minha imaginação, de que eu poderia ter as características dela.

Não tinha nada contra o meu avô paterno, nem estava com raiva por ele ter constrangido meu pai a abandonar minha mãe, somente desejava ser em tudo e por tudo filho de Rosilene Evangelista Neves.

SABOR DO BRASIL

Depois de quatro meses de contatos telefônicos e via internet, decidi dar o grande passo. Reservei o voo para ir ao Brasil. Até agora lembro como, na agência de viagens, minhas mãos tremiam quando peguei as passagens. Pensei muito antes de tomar essa decisão, e confesso que não estava completamente convencido. Ia a um país considerado perigoso para os turistas e, além disso, através da internet podiam ocorrer golpes. Não era a primeira vez que uma pessoa se fazia passar por outra para enganar alguém.

"Você está paranoico", disse-me Greta. "Caramba, você é um policial esperto, deveria saber quando alguém está mentindo."

Ela estava certa, mas isso era verdade no meu trabalho e quando eu tinha que julgar as ações dos outros. Mas, quando tinha que analisar de perto os acontecimentos que me preocupavam, o julgamento vacilava.

Em todo caso, fui estimulado também pela minha filha que não via a hora de visitar o Brasil. Ela se referia a um possível retorno comigo e com sua mãe, depois da minha primeira viagem. Decidi viajar sozinho desta vez por simples precaução.

Assim, em novembro de 2016, peguei o voo Turim-Madri.

Em Madri eu já estava muito ansioso, quase à beira de um colapso psicológico. Ao ler as palavras "Rio de Janeiro", senti muitas emoções. Havia a imagem de minha mãe, da minha terra, a possibilidade concreta de que em pouco tempo eu a encontraria, e com ela os meus irmãos. Tinha medo da recusa dos meus irmãos, do ciúme que poderia nascer entre nós, recordando o episódio da criança que minha mãe adotiva trouxe para nossa casa para me fazer companhia. Estava sobretudo aterrorizado de encontrar pessoas diferentes daquela que eu imaginava.

Desabei em uma cadeira no aeroporto de Madri e, por um momento, percebi o que significava sentar-se, tentando descobrir onde estava e para onde estava indo.

Muitas vezes na minha vida estive sentado tranquilo, mas, naquele momento, me deu vontade de nunca mais levantar. Estava apreciando ficar parado ali, naquela cadeira, no terminal do aeroporto de Barajas, observando as pessoas que passavam e que sabiam como se mover em todas as direções, e os aviões que apareciam e desapareciam além da linha do horizonte.

Então, lembrei-me do que meu pai dizia: "A insegurança do ser humano aumenta à medida que ele se aproxima da segurança".

Não sei se isso tem a ver com o fato de que a presença de uma pessoa faz falta quando sua existência é muito importante para os outros, mas tenho certeza de que a minha existência havia perdido a própria segurança em tudo: eu estava disposto a desaparecer para sempre para não ter de enfrentar a viagem.

Porém, a razão me dizia para ficar e subir naquele bendito avião, porque quem raciocina sabe como enfrentar o medo e assumir as próprias responsabilidades.

Chegou a hora do embarque e quando todos os passageiros já estavam no avião, no último momento, decidi subir também.

As treze horas daquela viagem foram as mais longas da minha vida. Procurei enganar a ansiedade traçando os primeiros rascunhos dessa história.

Ao desembarcar no Rio de Janeiro, como por um milagre, minhas perplexidades e meus temores desapareceram completamente. Sempre fui da opinião de que os milagres são obras dos seres humanos, mais do que de uma divindade. Nesse caso, eles deveriam ser atribuídos à minha família no Brasil: minha mãe, meus irmãos e seus filhos.

Eles vieram me buscar todos juntos, criando uma festa de boas-vindas que faria inveja a qualquer pessoa famosa.

Minha família me fez sentir exatamente assim: uma celebridade!

Abraçamo-nos por muito tempo e, por todo o trajeto, do aeroporto até em casa, permaneci perto da minha mãe e da minha irmã. De noite, na casa de minha mãe, a recepção atingiu o seu ápice. Houve uma festa, da qual participaram amigos e parentes, vizinhos e conhecidos. Tanto que, por um instante, tive a nítida sensação de encontrar-me no Carnaval do Rio de Janeiro.

No meio daquela atmosfera, recebi um telefonema de Greta e de minha filha. Eu estava tão feliz de ter todos ao meu redor, que comecei a chorar como uma criança. Tinha a alma cheia de alegria e as dúvidas tolas que sentia antes de viajar me pareciam muito distantes.

Posso confessar que a maior magia que os brasileiros possuem é a capacidade e a naturalidade com que conseguem fazer que você se sinta parte da vida deles. Leva apenas alguns minutos para você sentir que pertence a uma família há muito tempo. Nesse aspecto lembra a Sicília.

Enquanto olho Rosilene, naturalmente a comparo com a mãe que deixei na Sicília. Se esta é pequena e magrinha, Rosilene é de estatura média e gordinha. Ela me contou que teve uma vida difícil – sem voltar ao episódio de minha adoção, pelo que sou grato, para não estragar a atmosfera maravilhosa – e que teve que pedir ajuda a sua mãe para cuidar do pequeno Paulo.

A sua vida foi cheia de sacrifícios, com raros momentos de satisfação. As coisas começaram a melhorar depois que ela conheceu o seu atual companheiro, o pai de Deborah e Fernando. Ele é um homem gentil, de poucas palavras e, nas palavras de minha mãe, um trabalhador e um pai muito responsável.

Confesso que tenho uma mãe muito esperta e fiquei muito orgulhoso disso.

Conseguiu sobreviver às dificuldades da vida, ao abandono e à privação, e venceu o infortúnio da única maneira que sabia: trabalhando duro e doando amor às pessoas que ama.

Criou uma empresa que faz esculturas de madeira e baixos-relevos, exclusivamente confeccionados à mão, como os de Val Gardena, no Alto Adige, que eu conhecia. Ela tem mais de uma dúzia de trabalhadores sob seu controle e os trata como se fossem de sua família, vendendo seus produtos em todo o Brasil.

Meu coração ficou pleno de felicidade quando Fernando me deu uma escultura de madeira, mostrando minha mãe e eu nos abraçando. Depois outra comigo,

Paulo, Deborah e Fernando. Todas são obras deste último, o único dos filhos que ajuda a minha mãe na sua pequena fábrica. Sinto muita emoção ao imaginar meu irmão mais novo esculpindo a madeira com uma das minhas fotos a sua frente, enviadas para minha mãe pela internet.

Minha mãe me contou que acorda todos os dias às seis da manhã e carrega as esculturas de madeira na van, que dirige até a meia-noite. É um trabalho exigente, mas o faz com alegria porque representa uma das suas âncoras na vida, além de seus familiares.

Tenho que parabenizar Rosilene: cá entre nós, para uma mulher humilde como ela, que, abandonada por todos por certo período de tempo, e privada de seu filho, ainda conseguiu criar um pequeno negócio, em um país onde a corrupção impera e as dificuldades dominam o indivíduo, é preciso reconhecer que ela conseguiu dar a volta por cima.

Entretive-me conversando com Paulo, meu irmão mais velho, perguntando-lhe sobre sua vida. Poderia ser chamado de um tipo calmo, de boa aparência e com um sorriso radiante. Contou-me que, quando minha mãe lhe contou sobre mim e o que havia acontecido comigo, ele tinha cerca de quinze anos de idade. Ficou mal por dias e cortou relações com a mãe por um longo tempo. Pensava em mim com carinho e fazia uma oração toda noite, antes de ir para a cama.

Realmente apreciei seu gesto e seu abraço com os olhos marejados. Cuidar de alguém que não o conhece é milagroso. Agora, depois de todo esse tempo, sou levado a acreditar que foi também esse sentimento telepático que me empurrou inconscientemente para procurar minhas raízes. Estou cada vez mais convencido de que a afinidade espiritual irrompe no ar, como os anjos que voam de um continente ao outro para levar sentimentos, percepções e afeições de outras almas, lugares distantes ligados pela transmissão do pensamento com uma constância e coincidência que não conseguimos conceber.

A filha mais velha de Paulo, alguns anos mais velha que a minha, cantou uma música de Laura Pausini em minha homenagem. O outro sobrinho me deu meu retrato desenhado a lápis, que acho perfeito. Foi a primeira vez que me vi retratado em uma tela e, o fato de ter sido precisamente por meu sobrinho, me comoveu muito.

Somente Deus sabe quanto desejei uma atmosfera semelhante, na qual eu sentia o desejo de abrir meu coração a todos.

Minha irmã Deborah tem vinte e cinco anos, terminou o ensino médio e abriu um centro estético. Disse-me que foi ela quem ajudou nossa mãe com a internet.

Mais tarde, ela me contou que sonhou comigo desde que minha mãe confessou a minha existência. Contei a ela o episódio de Maria, que conheci no restaurante brasileiro em Turim, de como ela me ensinou a sambar e como ficou impressionada com a harmonia imediata criada entre pessoas que pertencem ao mesmo país.

Como eu havia previsto, Deborah conhece muito bem todos os ritmos brasileiros – me disseram que no Brasil são poucas as pessoas que não sabem dançar – e, assim, dada a atmosfera festiva daquela noite, ela me convidou para dançar lambada.

Tive a impressão de sempre ter dançado com minha irmã, como se tivéssemos estado sempre juntos, como se faz entre irmãos.

Além de boa dançarina, Deborah é rica intelectualmente e de espírito. Disse-me ser uma ávida leitora de ensaios e que gosta muito da obra de Philip Roth. Falou sobre Nathan Zuckerman, o personagem que aparece em todos os livros de Roth, e disse que, quando nossa mãe revelou minha existência, me viu através do personagem de Nathan.

Há algo de incrível no fato de o ser humano associar as pessoas mais queridas a heróis. Na minha opinião é uma forma de demonstrar afeto e devoção por essas pessoas.

Não quero perder-me nos detalhes, mas diria que me bastou passar uma hora com a minha irmã para experimentar sua afeição sem limites, algo que senti apenas por outras quatro mulheres da minha vida: Greta, minha filha, minha mãe e Rosilene.

Nessa noite, a primeira com os meus queridos, parecia-me que o tempo não passava. Uma noite que permanecerá entre as melhores de minha vida. Em certo momento, dirigi-me a minha mãe e a convidei para dançar.

"Eu não tenho nem físico nem mais idade para acompanhá-lo", disse-me com seu italiano imperfeito. Aproveito a ocasião para sublinhar algo que me impressionou muito: nos últimos meses, minha mãe, meus irmãos e minha irmã se ocuparam em aprender algo de italiano para facilitar a nossa conversa.

Apesar de seu peso, minha mãe dançava com a leveza de uma borboleta, de modo que, a certo ponto, achei difícil acompanhá-la.

"Mãe, você é uma dançarina nata", disse a ela, admirando-a.

"Eu agradeço, mas a dança é a única coisa que restou da minha juventude."

Vendo-a radiante em meus braços, digo a mim mesmo que naquele momento não gostaria de estar em nenhum outro lugar, a não ser naquele metro quadrado de quintal da casa de minha mãe para dançar com ela infinitamente.

Raramente meu ser foi capturado por emoções tão profundas. O ser humano precisa de pouco para esquecer-se do fardo de sua existência, basta ser embalado pelo abraço de sua mãe.

Sempre seremos devedores de nossas mães por toda a vida, mesmo quando elas se mostram duras e severas conosco, porque o ser humano e sua mãe não são dois seres diversos, mas um só ser, como quando a vida começa.

Confessei os meus pensamentos a Fernando, que, apesar de ter apenas vinte e um anos, apreciou minha sinceridade e o fato de ter decidido abrir meu coração para ele.

Ele tem uma inteligência e uma sabedoria que combinam com seu talento, sendo possível classificá-lo como uma pessoa adorável.

Parece que todos nós vivemos existências paralelas que, em certo ponto, foram reunidas, com minha mãe sendo a fonte de nossas vidas, nosso ponto de referência, a agulha de nossa bússola, nossa heroína: Rosilene Evangelista Neves.

Acho que estava escrito, era coisa do destino, que nos devíamos encontrar novamente. Experimentei na minha pele o quão verdadeiro é o ditado *nomen omen* – no nome há um destino.

De fato, como meu irmão, imediatamente após o nascimento recebi o nome temporário de Paulo. O que nunca deixou de me surpreender é que, ao mesmo tempo, meus pais italianos sempre quiseram me chamar de Paolo, como meu avô. Na verdade, esse é o costume na Sicília. Então, tenho raízes em dois mundos separados por milhares de quilômetros de oceano, mas minhas duas mães escolheram para mim um mesmo nome. E diria mais: o céu também quis que minhas duas mães tivessem quase o mesmo nome: Rosilene e Rosalba.

No nome das duas há a palavra Rosa.

"Uma rosa é uma rosa é uma rosa", escreveu Gertrude Stein.

O amor de uma mãe é sempre amor, é um absoluto que pode florescer e irradiar seu perfume das mais diversas formas, para além do modo que se torna mãe, para além das diferentes experiências, para além de tudo.

Agora, segurando a mão de Déborah, estou prestes a entrar na casa de Rosilene para começar essa nova aventura...

O PERFUME DA ESPERANÇA

Enquanto observo essas pessoas queridas, tão espontâneas e desenvoltas entre si, pergunto-me como é possível as pessoas não se amarem umas às outras quando compartilham o mesmo laço sanguíneo.

Espero não ter sido muito chato, mas sabe-se que o ser humano é um pouco egoísta quando se trata de contar a própria vida. No entanto, posso dizer com orgulho que sou em boa parte uma pessoa realizada: sou pai, marido, faço atividade política, me mantenho em forma praticando Cross-Fit, me formei em técnicas de investigação e estou obtendo um segundo diploma em Direito, mas, sobretudo, amo minha filha maravilhosa e tento transmitir a ela um conceito-chave para mim, ou seja, que somos todos cidadãos do mundo.

Hoje mesmo disse a ela: "Escute, filha querida! Na vida ganha-se e perde-se, pode acontecer coisas bonitas e desagradáveis, mas é possível superar tudo se você tem sua família junto de você".

Sou infinitamente grato a meus pais. O gesto que tiveram trinta anos atrás, de me colocar sob suas asas, foi, eu acho, absolutamente bem-sucedido, e, se hoje sou o Paolo que sou, agradeço a eles. Até o rigor de minha mãe valeu a pena, deu os seus frutos. E depois, também graças a eles, foi possível tecer aquela trama de eventos que me trouxe de volta aos braços da minha mãe Rosilene, no Brasil.

109

É como eu imaginava, simples, mas espaçosa, com uma vista panorâmica da cidade de Vitória. Em cada sala se pode ver um arco-íris de cores e aqui respiro o perfume que já percebia quando estava na Itália, tudo se reconecta e o quebra-cabeças que comecei a compor agora está prestes a ser completado.

Impresso na gráfica da
Pia Sociedade Filhas de São Paulo
Via Raposo Tavares, km 19,145
05577-300 - São Paulo, SP - Brasil - 2019